먼 길 돌아 찾은 행복

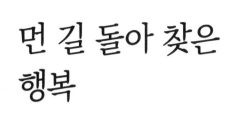

먼 길 돌아 찾은
행복

이수영 지음

코람데오

우리의 갈 길을 보여주는 참다운 책

신만중 교수(광운대학교 법학 전문 대학원)

한 사람의 인생이 담긴 자서전이 출간되는 것은 설레는 기쁨이다.
유복하고 영민하게 태어난 사람이 신앙심을 갖고 끝없이 낮은
곳으로 향하기는 무척 어렵다.
더욱이 자신이 처한 역경을 극복하면서 그보다 더 힘든 상황에
처한 사람들을 위해 일생을 바치는 것은 주님의 도움 없이는 불
가능하다.

이 책에는 본인도 벗어나기 힘든 환경이지만 이를 극복해 가면
서 출감 후 좌절을 겪는 이들에게 새로운 삶과 희망을 꿈꾸도록
인도하며 살아온 이수영 전도사님의 일생이 담겨 있다.
수십 년간 주님 안에서 출소자 공동체를 위해 헌신하며 겪은

온갖 희로애락이 녹아 있다.

  30여 년간의 출소자 공동체 생활에 관한 이야기,

  여러 모로 도움을 주신 천사와 같은 분들의 이야기,

  어둠에서 빛으로 나온 오네시모들의 이야기,

  재단법인과 출소자 공동체 설립을 위해 총괄본부장으로서 노력하신 일 등을 통해 이수영 전도사님의 참빛을 볼 수 있다.

  이수영 전도사님은 수많은 시련과 역경을 헤쳐 나오시는 과정에서 과도한 스트레스가 원인이 되어 지금은 파킨슨병을 앓고 계시다.

  이런 와중에도 주님의 은총 가운데 여전히 크고 작은 일들을 꾸준히 해결해 가고 계시며, 강한 믿음과 신앙으로 생사의 고비마다 회복되곤 하셨다.

  혹독한 시련이 있을 때마다 하나님의 종으로 살면서 자신을 던져 출소자들에게 헌신해 온 신앙이 이분을 살린 것이다.

  이 책이 망망대해에서 빛과 희망을 간절히 간구하는 분들께 등대의 역할을 할 것이다.

  이 책은, 한 사람의 인생이 어떻게 참빛을 담아낼 수 있는가를 알게 해준다.

  그래서 이 책을 읽어 가노라면 인생에서 어려운 일들이 닥쳐올 때 어떻게 슬기롭게 잘 극복해 나갈 수 있는지 깨달을 수 있다.

또한 새로운 변화와 신앙의 힘이 어떻게 우리에게 영향을 미치는지도 느낄 수 있다.

우리는 중요한 뭔가를 버리지 않으면 더 중요한 것을 얻을 수 없다.

각자의 인생에서 가장 중요한 것이 무엇인지 밝혀가는 과정에서 이수영 전도사님의 인생 드라마가 시련과 극복의 이정표로 우뚝 서게 될 것이다.

자서전이자 신과 함께 가는 이 책은, 우리의 갈 길을 미리 보여주는 참다운 책이다.

기쁨과 설렘으로 방황하는 분들과 인생의 참다운 목적을 찾고자 하는 분들께 이 책을 추천하고자 한다.

예수님의 사랑을 믿는 선택

"사람에게 보이려고 그들 앞에서 너희 의를 행하지 않도록 주의하라 그리하지 아니하면 하늘에 계신 너희 아버지께 상을 받지 못하느니라 그러므로 구제할 때에 외식하는 자가 사람에게서 영광을 받으려고 회당과 거리에서 하는 것 같이 너희 앞에 나팔을 불지 말라 진실로 너희에게 이르노니 그들은 자기 상을 이미 받았느니라."(마 6:1-2)

감옥에서 만난 예수님의 은혜가 고맙고 놀라워 자연스럽게 그들과의 동거가 이루어졌고, 그들도 예수님의 사랑하심에 감동을 받아 세상은 그대로지만 보는 마음이 따뜻해져 미움과 원망이 사랑과 미안함으로 바뀌었습니다. 저는 이처럼 새롭게 변화되는 촉매제 역할을 바라는 마음에서 이 책을 씁니다.

그저 뚜벅뚜벅 걸어가다 어느 날, 하늘나라에서 하나님이 주시는 상을 고대했습니다만 재소자나 출소자 여러분들에게 이 책을 통해 당부할 말이 있습니다.

부모님이 나를, 형제들이 나를, 이웃들이 나를, 이 사회가 나를 사랑해 주지 않아 내가 불행해졌으니

나를 불행하게 한 사람들이 원망과 증오의 대상이다가 아니라

내가 부모님을 버리고, 내가 형제들의 기대를 배반하고, 내가 이 사회를 위태롭게 한 사람임을 자각하고

내가 먼저 부모님을 사랑하고, 내가 먼저 이웃을 감동시킬 수 있는 일을 할 때 세상이 아름답게 보이고, 여러분도 사랑받고 칭찬받는 사회인이 될 것입니다.

예수님의 사랑을 믿고 좋은 선택을 고대합니다.

교정 선교를 통해 하나님께 영광드리기를 기도하는 동역자 여러분께 감히 고언을 드립니다.

'맹모삼천지교(孟母三遷之敎, 맹자의 어머니가 아들을 가르치기 위해 세 번이나 이사를 했음)'라는 유명한 말이 있습니다.

맹자의 어머니와 같은 열정으로 재소자와 출소자를 살펴줄 수는 없을 것입니다. 그만큼 이 일이 너무 힘들고 고통스럽습니다. 하지만 주님이 죄 많은 나를 구원하시기 위해 십자가의 고통을 견디셨음을 기억하며 더 사랑하고 더 큰 각오로 임해 주시기를 기도드리겠습니다.

이 책이 재소자나 출소자들에게 또 교정 선교 현장에서 주님의 일을 하는 모든 동역자 여러분들께 도움이 되길 바라며, 하나님의 은총이 여러분과 함께하시길 기도드립니다.

끝으로 책을 읽는 모든 분들께 감사드립니다.

2022년 2월

이수영

차례

유복한 '도련님'의 극단적 선택

1949년, 충청도 어느 작은 면 소재지에서 방앗간을 경영하시는 아버지, 어머니 슬하에서 누나 세 명 밑으로 세상에 나왔다. 6.25 전쟁에 대한 기억은 없고, 다섯 살 때 나비넥타이를 매고 처음 보는 카메라가 무서워 울며 찍은 사진을 보았던 기억이 있다. 면 소재지에서 방앗간, 양조장집 아들은 동네 사람들로부터 '도련님'으로 불렸다. 유복한 집안이었다.

우리 집에는 동네 몇 집을 제외하고 많은 집의 외상 장부가 있었다. 보리방아를 찧으면 지난 겨우내 꿔다 먹은 쌀 빚을 갚고, 다시 가을 추수 때까지 우리 방앗간에서 쌀을 꿔다 먹고 벼 방아를 찧어서 갚았다. 그래서 우리 집에 식량 자루를 들고 찾아오는 친구 어머니도 있었다.

일곱 살에 초등학교에 입학했고, 3학년 때까지는 반에서 일등을 했다. 4학년이 되던 해, 어머니께서 큰 병에 걸리셨다. 아버지는 방앗간 일을 다른 사람에게 맡기시고 어머니 치료를 위해 대전에서 서울로 다니셨다. 여고에 다니던 큰 누나는 학교를 중퇴하고, 집안 살림과 우리를 보살폈다. 그런 큰 누나가 있었지만 나를 위해 장갑을 떠주시고, 학교가 끝나고 집에 오면 따뜻한 밥을 차려주시고 생선뼈를 발라 주시던 어머니가 너무 보고 싶어서 울었다. 초등학교 6학년 때 집으로 돌아오신 어머니는, 어릴 때 나를 씻겨 주시고 뽀뽀해 주셨던 그 자상한 어머니가 아니셨다. 그저 멍하니 먼 산을 바라보다 혼자 중얼중얼, 정말 낯선 환자의 모습으로 변해 계셨다.

병구완에 지치신 아버지는 매일 술을 드시다 방앗간을 처분하셨고, 우리는 읍내로 이사했다. 경제적으로 쫄딱 망하지는 않아 학업은 계속할 수 있었다. 집안 어른들의 사랑을 독차지하며 자랐던 나는, 어머니의 빈자리가 너무 크게 느껴져서 공부는 물론이고 삶의 의욕마저 점점 잃어갔다. 초등학교 1학년 때부터 시작한 주판은 중학교 때 2급 자격증을 땄고, 수학은 항상 만점을 받은 것으로 기억한다. 고등학교는 인근 다른 도시에 있는 명문 고교에 원서를 냈는데, 어찌어찌 합격해서 학교에 다니기는 했지만 1학년이 끝나갈 무렵, 삶에 심한 회의를 느끼고 방황하던 중에 큰 사고를 치고 말았다. 심한 우울과 방황 끝에 극단적인 선택을 했고, 병원에서 깨어난 후 자퇴를 했다.

몇 개월을 쉬다 도망치는 심정으로 선배를 따라 육군행정 하사관 시험에 응시해 군 입대를 했고, 주산 2급 자격증 덕분에 경리 하사관으로 임관되어 군 생활을 하게 되었다.

월남전 파병부대의 경리 하사관

　1968년, 월남전이 한창이던 때 나는 십자성 부대로 파병되어 독립부대 경리 하사관으로 복무했다. 부대장 이하 말단 이등병까지 3,000여 명의 해외 파병 수당 50~60만 불을 헬기를 타고 가서 받아다가 병사들 각자에게 지급하고 일정 금액은 한국의 가족들에게 송금해 주었다. 그 일이 끝나면 PX 관리 하사관으로 당일 매출을 점검했다. 한 달에 두 번 재고 파악, 미군 PX에서 물품 사 오는 일 등이 경리 하사관의 주된 업무였다. 맡은 일은 많지만 시간에 여유가 있어서 수당 지급 후 파친코를 즐기며 시간을 보냈다. 또 PX에 판매원으로 고용된 베트남 현지 아가씨들에게 한국말을 가르쳐주고, 베트남어를 배운다는 핑계로 사무실에 데려가 놀며 시간을 보내기도 했다. 그 아가씨들이 한 달 받는 급료는 월남 돈으로 3,000피마스탄데, 미국 달러로 30달러 정도 되는 금액이다.
　당시 PX에서 1달러 하는 담배를 시중에서 4달러에 팔 수 있었기에 아가씨들은 관리 하사관인 내게 잘 보이려고 월남 과자 등을 가져다주곤 했다. 그때 우리 부대에는 장교 식당, PX, 사병 휴게소 등에 10여 명의 현지 여성이 근무하고 있었다. 때때로 근무

장병들과 스캔들이 생기면 부대원은 조기 귀국을 시켰고, 아가씨에겐 얼마간의 돈을 주고 무마를 시켰다는 얘기가 있었다.

자주 만나다 보니 나는 '따오'라는 아가씨와 연인 사이로 발전해서 그녀가 쉬는 일요일에는 외출을 나가 투이호아 해변을 함께 거닐었다. 그녀의 부모에게 인사도 갔다. 당시 한국에서도 흑백 미닫이 TV가 동네 부잣집에나 있을 때인데, PX에서 취급하는 소니 컬러 TV 1대, 야외 전축, 양담배 등을 선물로 가지고 갔더니 그녀의 부모님은 1등 사위를 얻은 듯 나를 환영해 주었다.

근무 9개월째 되던 어느 날, 그녀가 임신을 했다고 얘기했다. 나는 망치로 뒤통수를 얻어맞은 것 같았다. 만일 그녀가 우리 영사관에 임신 사실을 신고하고 내게 결혼을 요구한다면 나는 결혼을 해야 하고, 이후 5년을 베트남에서 근무해야만 귀국할 수 있었다. 나는 그녀의 집을 방문할 때마다 전투식량인 C-레이션, 맥주, 카메라 등을 가지고 갔다. 그리고 그동안 모아 두었던 돈 중 1,000달러를 주며 월남 근무 연장 신청을 한 후 한국에 가서 부모님께 말씀드리고 부모님과 같이 와서 결혼식을 올리자고 했다.

당시 소위 해외 파병 수당이 월 120달러로, 1,000달러는 큰돈이었고 하사관인 내가 만질 수 있는 액수가 아니었다. 하지만 PX 관리 하사관인 나는, 미군 PX에서 물건을 구입해 올 때 우리 부대에서 판매할 양의 3배를 청구해 사가지고 나와 3분의 2는 귀대 도중 민간업자에게 두 배의 가격에 판매하고, 3분의 1만 부대로 가지고 와 판매하는 방법으로 월 2회 정도를 하다 보니 1,000

달러, 2,000달러는 그야말로 돈이 아니었다.

또 월남 근무 당시 베트남에서 미군, 한국군이 사용하는 지역 달러 화폐(군표)가 교환되는 일이 있었다. 이 군표가 교환되는 일은 2급 비밀이어서 그야말로 갑자기 진행되었다.

전날 부대장과 일부 간부, 경리 하사관에게 통보하면 그 이튿날 오전에 나는 십자성 사령부 경리 참모부에 가서 새로 사용될 군표(달러)를 수령해 와 12시부터 오후 1시까지 부대 장병들이 가지고 있는 달러와 교환해 주고 교환된 헌 달러를 사령부로 보냈다. 이때 교환하지 못한 달러는 휴지 조각이 되었다.

사령부에서 새 달러를 수령해 가라는 연락을 받으면 곧바로 매달 맥주 등 PX 물품을 거래하는 민간업자들에게 달려가서 내일 달러 교환이 있으니 가지고 있는 달러를 다 내놓으라고 해서 가지고 부대에 돌아와 교환해 주고, 7 대 3의 비율로 나누어 갖게 되니 내 한 달 수입은 어마어마했다.

그렇지만 이 돈은 베트남에서만 사용할 수 있는 지역 화폐라서 한국에 가져와 봐야 쓸모없으니 지휘관이나 좋은 보직으로 돈을 잘 버는 병사들은 이 돈을 한국에서도 통용되는 미 본토 지폐와 교환하기 위해 혈안이 되어 있었다. 어느 날, 내가 거래하던 민간업자 한 사람이 미국이나 세계에서 통용되는 달러로 물건 값을 지불할 테니 대신에 군표 1달러 30센트에 본토 1달러 비율로 계산해 달라고 제의했다. 그때부터는 지역 달러가 아니라 세계에서 통용되는 미국 달러로 물건 값을 받아 차곡차곡 귀국 보따리를 채웠다.

 게다가 높은 분들이나 돈이 넘쳐나는 특수 보직 병사가 그 돈을 한국에 보내거나 미 본토 달러와 교환하는 일을 나를 통해서만 할 수 있게 해주어 그분들과 서로 상부상조하는 사이가 되었다. 귀국도 예정보다 한 달이나 빨리 했다.

집안의 우환과 '번개 결혼'

집에 돌아와 귀국 보따리를 풀었다. 그동안 아버지의 병환은 깊어져 있었고, 어머니는 어느 종교기관에서 운영하는 요양원에 계셨다. 큰 누나는 결혼했고, 독립심이 강한 작은 누나는 교대 졸업후 서울에 있는 모 초등학교에 근무하고 있었다. 여상을 나와 회사에 다니던 셋째 누나는 자기 차례를 직감하고 퇴사와 동시에 종적을 감춰버렸다. 할 수 없이 여고에 다니던 여동생이 자퇴하고, 가족들의 식사 수발과 남동생들의 학교 뒷바라지를 해주고 있었다.

잠깐 대학에 다니는 친구들을 만나고, 요양원에 가서 어머니를 뵈었다. 말이 요양원이지 절 한쪽에 있는 허름한 창고 같은 건물에 20여 명의 비슷한 연배의 여자들이 마치 죄수들 같이 웅크리고 앉아 있었다. 군복을 입고 온 나를 쳐다보며 어떤 분은 히죽히죽 웃기도 하고, 우는 분도 있었다. 나를 알아본 어머니는 신발도 신지 못한 채 뛰어나와 집으로 가자며 오열했다. 아픈 마음을 진정한 후 준비해 간 떡과 음식을 그곳 사람들에게 나누어 드리고, 원장 스님에게 약간의 돈을 드리며 빠른 시일 안에 모시고갈 테니 잘 부탁드린다고 말씀드렸다. 집에 돌아와 아버지와 누나들, 여동생과 상의했지만 뾰족한 해결책을 찾지 못하고 헤어졌다.

휴가가 끝나고 새로 배속받은 부대로 복귀했다. 매일 근무가 끝나면 귀국 때 같은 배를 타고 와서 지역의 다른 부대에 복무하는 이 모 중사, 김 모 중사와 어울려 유흥가에서 술을 마시고 아침에 출근하는 방탕한 생활을 이어갔다. 어느 날, 아버지의 전화를 받고 집으로 갔다. 여동생은 아버지 병구완과 동생들 뒷바라지에 지쳐 있었는데, 중·고교에 다닐 때부터 "오빠, 오빠!" 하며 나를 따르던 여동생 친구가 아버지와 동생들을 함께 챙기고 있었다. 아버지는 다짜고짜 이미 그녀의 의사를 확인했고, 그녀의 어머니와도 합의했으니 이달 안에 결혼식을 올리라고 하셨다. 베트남에서 따오가 기다릴 것을 생각하니 심한 죄책감이 들었다. 구차한 변명이지만 상황적으로 무조건 버틸 수는 없었다. 부대로 돌아가 결혼 휴가를 받아 번개 결혼을 하게 되었다. 신혼여행도 생략한 채 부대로 돌아갔고, 아내는 아버지를 모시고 집안 살림을 했다.

1년이 지나자 여동생도 결혼해서 떠나고, 딸도 태어났다. 손녀딸을 안고 좋아하시던 아버지는 그 기쁨을 얼마 누리시지 못하고 하늘나라로 떠나셨다.

장례를 치르고 내가 근무하는 지역으로 이사하는 것을 생각해 봤지만 동생들의 전학 문제, 전답 관리 문제, 무엇보다 근처에 사셨던 장모님과 처제, 처남의 학교 문제 때문에 할 수 없이 주말 부부를 계속 해야 했다.

1968년 1월 21일, 청와대 침투를 목적으로 남파된 무장공비 사건이 발생했다. 그때 생포된 김신조(지금은 은퇴목사) 씨는 북한 124군 부대 소속으로, 그 부대는 2,000명의 장교로 구성되어 있었다. 그들은 인간살인 병기로, 온갖 특수훈련을 받은 것으로 알려져 있었는데, 대한민국에도 이에 대적할 만한 장교로 구성된 특수부대를 만들기로 했다. 보병학교를 제2사관학교로 하고, 경상도에 제3사관학교를 설립해 고졸자를 뽑아 훈련시켜 충당하려고 했다. 한 해에 400명을 뽑아 2년 훈련시켜 2,000명을 만들려면 5년의 세월이 걸리므로 육군 하사관을 대상으로 차출해 일정기간 교육 후 소위로 임관시켜 주었다. 나도 여기에 차출되어 소위로 임관되었고, 수도권의 부대에 배속되었다.

전역과 꿈같은 생활 그리고 아내의 죽음

1971년, 군 생활 내내 과거 극단적인 선택을 했을 때 얻은 위장 천공과 위벽이 녹아내린 것 때문에 힘들었는데, 급기야 물만 먹어도 위벽에서 피가 터져 하혈을 해 체중이 42킬로그램까지 줄어들었다. 군 병원에 입원을 했고, 끝내 전역을 했다. 고향에 돌아와서 1년여 생활하는 동안 어느 정도 회복되었다.

어머니도 집으로 모시고 왔다. 딸도 이제 제법 커서 내 뒤를 졸졸 따라다니며 과자를 사달라고 졸랐다. 셋째 동생은 태권도 선수로 전국 체전에서 금메달을 땄고, 막내 동생은 커서 경찰관이 되겠다고 열심히 공부했다. 스물세 살의 가장이 이끄는 우리 가정이 모처럼 행복한 시절이었다.

어느 정도 건강을 회복하자 그동안 소작을 주었던 논밭을 직접 경작해 보기로 결심하고, 무경험자도 심기만 하면 저절로 커서 거둬들이기만 하면 된다는 콩과 고구마를 3,000여 평의 밭에 심었다. 논은 못자리부터 모내기 등 도저히 엄두가 나지 않아 1마지기에 쌀 1가마니씩 받기로 하고 다시 소작인에게 맡겼다. 농사 첫 해에 낙제 점수의 수확을 했다. 20가마 이상을 거둬야 할 콩은 7가마를, 고구마는 50가마쯤 캔 것 같다. 그리고 돼지 사육을 계획하고 500여 평에 축사를 짓고 새끼 돼지 200마리를 입식해 축산업에 미래를 걸었다.

그래도 행복했다. 한 가지, 어머니의 병환만 빼고……. 첫 수확을 기념해 수확한 콩으로 두부를 만들기로 하고 콩을 갈아 가마솥에 붓고 끓였다. 간수를 섞어 다시 끓이는데, 순두부가 이상하다. 끓인 콩물을 짜서 비지를 걸러내고 콩물만 다시 끓여야 하는데, 스물세 살의 남편과 스물한 살의 아내는 인생도 세상 삶에서도 초보자였다. 비록 두부 만들기는 실패했어도 우리 가족은 비지가 엉긴 두부를 먹으며 행복해했다. 열 살 때 빼앗겼던 행복을 너무나 먼 길을 돌아 찾은 것 같았다. 그동안 나대신 고생한 아내에게 고구마를 판 돈으로 금반지, 금목걸이를 사주고, 나머지 돈도 쓰라고 다 주었다. 그날 밤, 딸과 아내와 함께 누워 앞으로 누구보다 더 행복하게 살자고 다짐했다.

농사일도 배우며 돼지도 열심히 키워 큰 돼지농장 사장을 목표로 정말 열심히 살았다. 아내가 둘째를 임신했다. 임신 석 달째부터는 힘든 일을 못하게 하고 대신 궂은일을 내가 도맡아했다. 이 아이가 태어나면 7식구, 럭키 세븐이다. 어릴 때 나는 우리 식구가 20명이 넘는 줄 알았다. 아버지, 어머니, 누나 3명, 동생 3명 그리고 나, 방앗간에서 일하시는 아저씨 5명, 방앗간에 오신 손님 20여 명과 부엌일을 도와주시는 아주머니까지 점심시간에는 그야말로 식당과 다름없었다.

어릴 때의 추억 때문에 돼지농장을 시작했는지도 모르겠다. 돼지도 무럭무럭 자라 180여 마리의 성체 돼지가 우리를 가득 채웠다. 그동안 20여 마리의 돼지가 죽었지만 초보 돼지 아빠로선 대성공이었다. 아내의 배가 점점 불러오고 출산 달이 가까워지자 장모님을 모셔왔고, 정기적으로 산부인과에서 진찰도 받게 했다. 첫째가 태어날 때는 그 아이가 어떻게 태어났는지도 몰랐다. 어느 날, 집에 가니 아기가 있었고, 그 애가 내 딸이라고 해서 안아본 기억이 전부다. 그러나 이번엔 달랐다.

저녁에 뜨는 달이 그렇게 아름답게 보일 수가 없었다. 매일매일이 행복했다. 출산 하루 전날, 아내를 산부인과에 입원시키고 돼지를 보러 농장으로 왔다. 얼마 후 장모님의 급한 전화를 받고 병원으로 가니 아내는 이미 대학병원으로 이송되어 수술 중이었다. 수술실 밖 복도를 서성이며 처음으로 하나님, 부처님, 돌아가신 아버지께 아내를 살려 달라고 간절히 빌었다.

'태어나 처음 갖게 된 이 행복을 지킬 수 있게 해주십시오. 마지막까지 아버지를 지극 정성 간병한 이 사람, 아버지가 지켜 주셔야지요!'

정신없는 시간이 지나고 수술실을 나오는 의사를 붙잡고 울부짖었지만 끝내 아내의 웃는 모습을 볼 수 없었다. 희망 가득한 삶을 약속했던 젊은 아내가 유명을 달리한 것이다. 아내를 땅에 묻고 같이 죽을까도 생각했지만 모진 목숨 또 살아야 했다.

겨우 3년의 꿈같은 생활이 끝나자 땅을 정리해 마련한 약간의 돈과 함께 딸을 장모님께 맡기고, 둘째 동생은 사업을 하는 큰 매형 집에, 셋째 동생은 부부가 초등학교 교사인 작은 매형 집에 맡겼다. 어쩔 수 없는 결정이었다. 어머니를 모시고 고향 선배가 있는 서울 동대문으로 이사를 했다. 선배는 동대문 시장에서 일어나는 온갖 궂은일을 해결해 주는 용역 일을 하고 있었다. 야간에는 시장 점포들의 도난과 화재 예방 순찰도 해주었다. 요즈음에는 합법적인 시장 상인 연합체 같은 조직이 있지만 당시에는 지역 건달들이 상가 회장과 손잡고 이 일을 대신했다. 그곳의 리더였던 선배 사무실을 찾아가 재정과 인원 관리, 각 조직원의 행동 요령 등을 지시하고 확인하는 직책을 맡아 수행했다. 남은 시간에는 그곳에 있는 관광호텔 커피숍에서 잡담을 하며 보냈다.

딸 '서울'과의 첫 만남

1975년, 월남이 패망하고 마지막 미군 철수작전이 시작되기 전에 미군과 한국군 부대에 근무했던 군속들이나 그 가족들을 공산화될 베트남에서 탈출시키는 작전이 있었다.

어렵사리 아내를 설득해서 미군 군함을 타고 부산항에 도착한 베트남 연인 따오 가족을 만나러 갔다. 일주일 후면 한국을 선택한 이들을 내려주고 배는 미국으로 떠난다.

우리는 따오, 따오 어머니와 두 동생, 딸을 데리고 해운대의 한 호텔로 갔다. 내 딸 아이의 이름이 '이서울'이란다. 아내가 서울이와 따오 동생들을 데리고 나가서 선물도 사주고 맛있는 것을 사 먹이고 오란다. 그동안 따오와 그녀의 어머니가 어떤 생각을 하고 있는지, 어떻게 할지를 상의해 보겠단다. 씻을 수 없는 원죄가 있는 나는, 세 사람이 어떤 결정을 하던 최선을 다해 돕겠다는 약속을 했다. 아이들을 데리고 용두산 공원으로, 국제 시장으로 데리고 가 옷도 사 입히고, 맛있는 것도 사 먹였다. 서울이는 말은 안 통하지만 핏줄이 당기는지 내 손을 꼭 잡고 눈을 맞추기도 하고 피곤한지 업어 달란다.

저녁에 함께 모여 식사하는 자리에서 따오가 자기 식구들은 미국으로 가겠다고 했다. 그래도 연락을 한 것은 한 번은 만나보고 싶고, 서울이를 한 번 보여주고 싶어서였다며 울먹였다. 그러면서 젊은 시절의 좋은 추억으로 간직하겠단다. 아내가 한국에서 같이 살자고 했지만 베트남을 떠날 때 이미 미국행을 결정했다며 환대해 줘서 고맙다고 한다.

　이틀 동안 경주와 포항을 함께 여행하며 멀리 떠나는 따오 가족을 위로했다. 배로 돌아가는 날, 울며 안 떨어지려는 서울이를 외할머니에게 안겨드렸다. 따오에게 준비해 간 미화 3,000달러를 건네주고, 미국에 가서 거처가 정해지면 서로 연락하자고 했다. 무거운 발걸음으로 집으로 돌아왔다.

　그동안 서로 연락하고 지내다가 2000년대 미주 한인교회 초청으로 미국에 갔을 때 서울이와 따오를 다시 만났다. 서글픈 인연이지만 딸 서울이와 따오를 위해 늘 기도드리며 살고 있다. 한때의 연인 따오는 중국계 미국인을 만나 단란한 가정을 꾸려서 베트남으로 돌아가 윤택한 삶을 살고 있고, 딸 서울이는 한국계 미국인과 결혼해 한국에도 다녀가고 지금도 미국에서 잘 살고 있다.

　생일과 크리스마스 같은 특별한 날에는 영상통화도 하고, 혈육의 정을 나누며 전쟁 통에 있었던 엄마와의 사랑을 이해한다며 죄 많은 아빠를 위로하는 서울이에게 고맙고 미안해 늘 그 아이와 가족을 위해 기도하며 살고 있다.

건달살이와 삼청교육대

1978년, 수입이 좋은 동대문 시장을 호시탐탐 노리고 있던 다른 지역 건달들과 싸움이 벌어졌다. 30여 명의 우리 측 사람들은 생선회 칼, 야구 방망이, 쇠 파이프 등으로 무장했고, 비슷한 수의 상대 측 사람들도 우리와 같은 종류의 흉기로 무장한 그야말로 전쟁터 같은 싸움이었다.

리더였던 선배는 범죄단체 조직의 수괴 살인, 살인미수 등의 죄목으로 무기징역을 선고받았고, 여러 명의 행동 대원들은 징역 20년에서 5년 형을 선고받았다. 재정과 사무업무를 맡았던 나는, 싸움에서는 빠졌지만 징역 3년에, 집행 유예 5년을 선고받고 출소했다. 남은 돈으로 선배 가족에게는 가게가 딸린 주택을 얻어주고, 동료였던 다른 재소자들에겐 그들이 원하는 대로 가족을 만나 돈을 주든가 은행에 예치를 하고 도장과 통장을 보내주었다. 그 후 나는 1년여 전국을 여행하며 마음을 추스르고 서울로 돌아와 세운상가에 점포를 얻어 장사를 시작하고 가끔은 선배와 옛 친구들을 면회했다.

1979년 10월 26일, 박정희 대통령이 시해되었다. 군부를 장악하기 위해 정승화 육군참모총장을 체포한 전두환 보안사령관은 박정희 대통령이 국가재건최고회의를 만든 것을 판박이로 해 '국가보위입법회의'를 만들고, 전국에 계엄령을 선포했다. 그리고 사회악을 척결한다는 명분을 내걸고 사회를 비판했던 기자들, 자신의 정권 찬탈에 걸림돌이 될 것 같은 정치인, 그동안 국민들로부터 원성의 대상이었던 부자들, 술 먹고 비틀대며 늦게 귀가하는 회사원, 조폭, 범죄자 등을 무자비하게 체포했다. 사회 전반을 공포 분위기로 끌고 가는 암울한 시절이었다.

1980년 1월, 집행 유예 기간이기도 했지만 몸에 문신만 있어도 잡아간다는 소리에 몸을 피하려고 준비하던 어느 날, 이 날은 정말 상상하기도 싫은 날이다. 한밤중에 밖이 소란스러웠다.

손전등 불빛이 창문을 스쳐 지나가기도 하고, 담장 위에 쳐놓은 철조망과 유리병이 떨어져 깨지는 소리도 나고 해서 문을 열고 마당으로 나가니 철모를 쓴 군인 한 명과 검은 점퍼를 입은 두 사람이 뒷담을 넘어 달아나는 사람을 쳐다보며 소리치고 있었다.

"여보, 당신들 지금 뭐 하는 거야? 한밤중에, 그것도 담을 넘어 남의 집에 들어와 이래도 되는 겁니까? 아무리 계엄령 시기라지만……. 나도 장교 출신인데 이건 아니지요."

멈칫하던 그들은 미안하다는 말을 하고 돌아갔다.

다음날 새벽에 시골집으로 피신하려고 대문을 나서는데, 철모를 쓰고 착검한 총을 든 군인 두 명과 동대문경찰서 형사가 아니라 처음 보는 사람 세 명이 다가왔다.

"이수영 씨죠? 같이 가시죠?"

불길한 예감에 하사 계급장을 단 군인에게 "옷을 갈아입어야 하니 잠시 시간을 주시오." 했다.

"네. 그렇게 하시죠. 대신 우리가 곤란하지 않도록 빨리 나오세요."

집에 들어가 군 시절 입었던 계급장 없는 전투복에 검은 운동화를 신고 그들을 따라 경찰서에 가니 간단한 신분 확인만 하고 유치장에 입감시켰다.

이튿날, 군 트럭 짐칸에 다른 사람들과 같이 타고 끌려간 곳은 전방에 있는 악명 높은 ○○사단 삼청교육대였다. 전에 동기가 근무할 때 몇 번 갔던 부대라 눈에 익었지만 죄인의 몸으로 끌려오다니 나도 모르게 울음이 터져 나왔다.

차에서 내리자 전투복을 입은 훈련 중대장과 조교가 내무반으로 데려갔다. 10여 명의 사복을 입은 사람들이 일렬로 정렬해 앉아서 나를 쳐다보았다. 잠시 후 다른 조교가 전투복을 가지고 들어와 한 사람 한 사람 나눠주고 갈아입으라고 했다. 점심을 먹고 훈련 중대장과 개별 면담을 했다. 내 기록을 훑어보던 중대장이 조교에게 커피를 타오라고 내보내곤 "선배님! 훈련이 시작되면 어려움이 많을 겁니다. 대대장님께 건의해 방법을 찾아보겠습니다." 한다. ○○사관학교 후배였다.

면담이 끝나고 내무반에 돌아와 살펴보니 우리 내무반은 조폭 두목, 정치인 모 씨, 기자 등 다른 일반 훈련생들과는 다른 구성이었고, 저녁에 보니 인원도 40명씩인 다른 내무반과 달리 우리 내무반은 23명이었다. 요시찰이었다. 집에서 전투복을 입고 나온 나만 빼고 다른 이들은 포대를 뒤집어쓴 것 같은 이도 있고, 한 덩치 하는 이는 단추가 잠기지 않아 터져 나온 배를 감추느라 낑낑댄다. 그 모습에 잠시 웃음이 터져 나오기도 했다.

저녁식사 후 연병장에 집합을 시켰다. 이때부터 여기가 악명 높은 ○○사단 삼청교육대라는 것을 실감하게 했다. 2개 소대의 공수 조교 복장을 하고 실탄을 장착한 카빈 소총을 든 사병들이 우리를 둘러쌌고, 끌려온 우리 수와 거의 같은 수의 조교들을 우리 앞에 1 대 1로 서게 했다.

"이제부터 너희들은 사람이 아니다. 사회 생각은 모두 버려라. 개조되는 인간은 집으로 돌아갈 것이고, 낙오되는 자는 죽음뿐이다."

스피커로 나오는 중대장의 말이 떨어지기가 무섭게 조교들이 손에 든 곤봉으로 우리를 내리치기 시작했다. 반항하는 사람에겐 예비 병력 5~6명이 달려들어 얼굴이든 어디든 닥치는 대로 내리쳤고, 그야말로 아비규환의 현장이었다.

그러다 견디지 못한 한 무리의 훈련생들이 철조망 울타리 쪽으로 달아났다. 그런데도 조교들이 쫓지 않고 있어 이상하다고 생각하고 쳐다보고 있는데, "탕! 탕! 탕!" 하는 총소리와 함께 도망가던 훈련생들이 모두 피를 흘리며 꼬꾸라졌다. 순간 연병장에 있던 사람들은 경악스러움에 그대로 굳어버렸다.

월남전 참전 시 '적군인 베트콩이 등을 보이고 도망가면 하반신을 쏴 생포하라!'고 했던 말이 생각났다. '술에 취해 이웃과 사소한 시비 끝에 잡혀온 사람들을 어떻게 총을 쏴 죽일 수 있나? 순간 잘못하면 여기서 죽을 수도 있겠구나. 이건 개죽음이다.'라는 생각에 등골이 오싹하고 소름이 돋았다. 전국에서 '나야! 나!' 하며 한 가닥 하던 친구들도, 뚱뚱이도 중대장의 구령에 번개같이 따랐고, 이후 2시간 정도 시간이 지난 후에 보니 흘러나온 피, 땀, 흙먼지가 엉겨 붙어 사람인지 짐승인지 분간이 되지 않았다. 3분 목욕을 끝내고 내무반에 돌아온 시간은 밤 11시였다. 조교의 "1분 이내로 취침한다!"는 구령에 눈물을 훔칠 여유도 없이 잠에 빠져들었다. 잠시 후 잠에서 깬 나는 실눈을 뜨고 주위를 살폈다. 대여섯 명의 빨간 모자를 쓴 조교가 잠든 훈련생들을 일일이 살피며 돌아다니고 있었다.

아침 5시 기상과 동시에 연병장에서 한바탕 매타작을 당하고 아침을 먹었다. 10시에 입소식을 했다. 조교는 우렁차게 "한 치의 소홀함도 없이 준비해라!"라고 지시했다. 그러더니 조교가 다시 내게 명령했다. "이수영 훈련생! 앞으로 나와." 단상 앞으로 나가니 중대장이 우측 팔뚝에 노란 완장을 채워주며 "앞으로 이수영 훈련대장이 너희들을 지휘한다. 절대명령에 복종해라!"라고 지시했다. 그리고 각 내무반마다 한 명씩을 뽑아 빨간 선이 한 줄 쳐진 노란 완장을 채워주었다. 훈련 소대장이다. ○○사관학교 때 학생 대장을 했던 내가 삼청교육대에서 훈련대장이라니……. 아무튼 다른 훈련생들이 얼차려와 매타작을 당할 때 훈련 봉을 들고 열외자 몇 명을 따로 빼서 제식훈련을 시켰다.

수형 생활과 회심

삼청교육대 훈련이 끝나갈 즈음, 나쁜 소식이 들려왔다. 나를 포함해 몇 명은 민간 법정에서 재판을 받아야 한다고 했다. '벌써 몇 년 전에 대법원에서 확정판결을 받았으니 감옥에 보내진 않겠지?'라고 스스로 다독였다. 다른 훈련생들은 출소했지만 20여 명은 대기였다. 남은 사람들을 보니 전라도 지역 조폭 ○○○, 경상도 지역 조폭 ○○○, 영화배우 ○○○, 모 신문사 전직 기자 ○○○ 그리고 나 외에 20여 명이 이틀간 대기하다 몇 명씩 서울 2개소 구치소로 끌려갔다. 구치소 입소 시 보니 2년 전 선배와 재판받을 때의 죄목이 그대로 적혀 있었다. 1심 재판이 진행되었다. "지금이 아무리 계엄령하이지만 이 사건은 2년 전 대법원에서 확정판결을 받았는데, 이건 아니죠! 일사부재리원칙은 헌법에도 나와 있습니다. 이미 처벌받았는데, 다시 처벌할 수 있습니까? 재판을 거부합니다."라며 국선 변호사를 제쳐두고 검사와 싸웠다. 괘씸죄가 추가되었는지 1심에서 징역 10년에 감호 7년을 선고받았다.

삶을 포기하려고도 했다. 하지만 도저히 억울해서 죽을 수가 없었고, 동생도 이대로 포기할 수 없다며 있는 돈을 다 털어 변호사를 선임해 싸우자고 했다. 결국, 항소심에서 징역 1년에 감호 7년을 선고받았고, 대법원에서 확정판결을 받았다.

청송감호소에서 수형 생활이 시작되었다. 매일매일 복수의 칼을 갈며 교도관과 싸우고, 동료들과 싸워댔다. 그 결과, '징벌방'은 '내 방'이 되었다. 며칠을 굶어도 배고픈 줄 모르고 악에 받쳐 소리소리 지르다 실신하기를 여러 번, 교도관들은 '나를 미친놈'이라고 아예 내버려 두었다.

어느 날, 속이 메슥거려 화장실 문을 열었는데, 목구멍으로 뭔가가 확 넘어왔다. 한참을 토하고 자세히 보니 초콜릿 덩어리 같은 것이었다. 피가 목을 넘어 밖으로 나오다 색이 변해 버린 것이다. 입으로 토하고 밑으로 하혈을 하다 정신을 잃었나 보다. 며칠 동안 사경을 헤매다 깨어났다.

사경을 헤매는 동안 '초등학교 때 친구를 때린 일부터 고구마로 점심을 때우는 동급생을 놀려 끝내 전학을 보냈던 일, 친구 집 장독대에 올려놓은 고사떡 시루에 오물을 넣었던 일, 씨암탉과 씨돼지까지 훔쳐서 다 먹지도 못하고 땅에 묻었던 일, 군에서 하사관으로 돈을 떼어 유흥가에서 탕진할 때의 일, 감옥에서 기도하는 사람들을 발로 차고 구박한 일 등'이 꼭 녹화된 비디오테이프를 보는 것처럼 스쳐 지나갔다. 어찌나 많은 죄를 저질렀는지…….

"아, 하나님 잘못했습니다. 죄송합니다, 용서하십시오."

죽으려고 용을 썼던 입에서 "살려주셔서 고맙습니다. 하나님!

가족들에게 가장으로 힘들게 했습니다. 기회를 주시면 회개하고 빚을 갚는 데 최선을 다하겠습니다."라는 말이 터져 나왔다.

중환자실 끝 침대에서 가슴 대동맥에 고무호스를 꽂고, 피 주머니를 주렁주렁 달고, 열 손가락 끝에 집게를 물려 기계에 연결해 놓은 몰골……. 지금 생각해도 지옥에서 고통당하는 모습이 아닐까 아찔하기만 하다. 며칠 만에 정신이 돌아왔다. 혼수상태에 빠지기를 반복했다는 것은 중환자실에 입원하고 십여 일이 지난 후에 병원 기록을 보고 알았다. 한 달여 병원 생활을 마치고 돌아와 의무실에서 제일 먼저 찾은 것은 성경책이었다. 구약 창세기 1장 1절부터 요한계시록 22장 21절까지. 하루에 성경을 10장에서, 많게는 30장까지 읽다 잠이 들었다.

새벽에 혼자 일어나 기도를 드릴 땐 '나 같은 죄인 살리신(찬송가 305장)' 찬송을 불렀다.

> 1. 나 같은 죄인 살리신 주 은혜 놀라워
>   잃었던 생명 찾았고 광명을 얻었네
> 2. 큰 죄악에서 건지신 주 은혜 고마워
>   나 처음 믿은 그 시간 귀하고 귀하다
> 3. 이제껏 내가 산 것도 주님의 은혜라
>   또 나를 장차 본향에 인도해 주시리
> 4. 거기서 우리 영원히 주님의 은혜로

해처럼 밝게 살면서 주 찬양하리라 아멘.

한 달 후에 미지정 방으로 배정이 되었다. 방에 들어서니 꼴통이 왔다고 문 앞자리를 비워 놓고 십여 명이 한쪽 구석에 몰려 앉아 있었다. 편하게들 앉으라고 하며 화장실 앞에 자리를 잡고 앉으려 하자 다른 방에 있을 때 나한테 얻어터졌던 친구가 방장 자리에 앉으라고 잡아끈다.

"아냐! 나 여기가 편해. 걱정하지 말고 장기나 둬. 그리고 1405번, 당신이 제일 연장자이니 문 앞에 앉으슈." 했다.

운동시간이 되자 징벌방에 있을 때 옆방에 있었던 친구가 다가오며 창틀 사이로 소리를 질렀다.

"외부병원에서 언제 왔어요? 이 형을 살려달라고 기도 많이 했습니다. 이렇게 살아와 줘서 감사합니다."

나는 "이 사람을 위해 기도해 주었다니 고맙습니다. 덕분에 살았습니다."라고 대답했다.

감호소는 변한 것이 없었다. 여전히 교도관은 곤봉을 차고 악을 쓰며 근무를 섰고, 전투복을 입은 특공 교도관들은 눈을 부라리며 범치기하는 수형자를 잡아내 징벌을 먹이기 위해 혈안이 되어 돌아갔지만 어느 순간부터 삭막하고 살벌했던 내 마음이 따뜻해졌다. 죽이고 싶었던 징벌방 떠버리가 안쓰럽고, 문틈으로 감방 안을 들여다보며 두꺼운 코트를 입고 동동거리며 복도를 왔다 갔다 근무를 서는 교도관들이 불쌍해 보이기까지 했다.

매일 주기도문, 사도신경을 쓰기 시작했고, 창세기 1장 1절인 "태초에 하나님이 천지를 창조하시니라"를 시작으로 하루에 성경을 10장에서 많게는 20장까지 또박또박 써내려가기 시작했다. 성경의 마지막 책인 요한계시록 22장 21절 "주 예수의 은혜가 모든 자들에게 있을지어다 아멘."까지 성경 한 권을 쓰는 데 처음에는 4개월 정도 걸린 것 같다.

성문 영어, 홍성대 수학, 국어 등 참고서를 구입해 공부도 다시 시작했다. 교도관들도 어리둥절해했다. 그도 그럴 것이 틈만 나면 싸움을 걸던 '꼴통'이 병원에서 살아 돌아온 후 변해도 너무 변했으니 그럴 만도 했다. 지나가는 다른 재소자들을 뒤따라가 다리를 걸어 넘어뜨리고, 왜 남의 다리를 밟고 가느냐고 싸움을 걸던 징벌자가 다른 꼴통이 동료 재소자를 괴롭히지 못하게 말릴 때는 모두 돌았다고 했다.

교무과 기독교 담당 교도관이 나를 찾아와 재소자 기독교회장 자리를 제의했다. 재소자 기독교회장은 교도소 내에서 영향력이 대단하다. 기독교 집회 때 장내를 정리하고 예배 분위기를 띄우기 위해 준비 찬송을 인도하며 때때로 재소자를 대표해 감사기도를 드리기도 한다. 그 제안에 "나는 아닙니다. 나는 그저 있는 듯 없는 듯 조용히 생활하겠습니다. 매일 싸움만 하고 찬송을 부른다고 같은 방 친구들을 구박하던 사람이 회장을 하면 불교, 천주교 재소자들이 비웃을 겁니다."라고 거절했다.

나는 조용히 집회에 참석해 눈물로 회개의 기도를 드리기도 하고, 교회에서 준비해 온 시루떡 한 덩이를 받을 땐 훗날 정말 어려운 이들에게 시루떡 열 덩이로 꼭 갚으리라 다짐하기도 했다. 몸이 아파 집회에 가지 못한 동료 재소자에게 떡을 전해줄 때는 내가 먹는 것보다 마음이 더 뿌듯했다. 평소 상대를 잡지 못하면 내가 죽는다고 악귀같이 감옥 생활을 했던 내가, 이 못난 놈의 죄를 사해주시기 위해 예수께서 십자가에서 피를 흘리고 돌아가심이 그려지며 이 사실을 깨닫지 못하고 고등학교 때나 군에서 매번 잘못된 선택을 했을 때도 살려주신 목적은 딱 하나다. 내가 회개하고 세상과 가족과 친구들에게 진 빚을 갚고 오라는 것임을 확신하게 되었다.

고등학교 여름방학 때 친구 두 명과 무전여행을 갔던 때의 일이다.

나는 쌀 3되, 다른 친구는 고추장과 멸치 1봉지, 또 다른 친구는 김치 그리고 각자 차비만 가지고 출발하여 대천해수욕장에서 2박, 예산 수덕사에서 1박을 하고 집으로 돌아오려는데 차비가 모자랐다. 할 수 없이 빠방 기차(표를 사지 않고 몰래 타는 것)를 탔다. 하지만 기차가 천안을 통과할 때 검표하는 승무원에게 잡혀 강제 하차를 당했다. 새벽 시간에 배가 고파 철길 옆에서 나뭇가지를 주워 불을 피우고 밥을 해먹으려는데, 불빛을 이상하게 여긴 주민의 신고로 파출소로 끌려갔다. 50대 파출소장님이 "야 이놈들아, 그 꼴이 뭐냐?"며 한참을 꾸짖으시다가 "김 순경! 앞

집에서 국밥 세 그릇 시켜다 이놈들 먹여." 하신다.

밥을 다 먹고 의자에서 졸고 있는데, 소장님께서 "좋은 경험했으니까 열심히 살아서 훌륭한 사람이 되어야 한다."라며 지갑에서 지폐 몇 장을 꺼내 주셨다. 나는 "네." 한 다음 "소장님, 집에 가서 오늘 소장님이 사주신 국밥 값과 차비를 보내드릴 테니 성함과 주소를 적어주십시오."라고 말했다.

그런 나를 빤히 쳐다보시던 소장님께서 "그래, 이자까지 갚아. 이자는 비싸다. 근데 그 돈을 나한테 갚지 말고 네가 대학을 졸업하고 사회인이 됐을 때 네 주위에 지금 너희들 같은 사람이 있으면 그들에게 갚아. 내가 지켜볼 거야." 하신다.

15년 전의 일이라 까마득히 잊고 있었는데, 지금 생생하게 떠오르면서 '내가 갚아야 할 빚이 많구나. 이 빚을 다 갚아야 하나님께 갈 수 있겠다.'라는 생각이 든다.

동생의 목숨과 맞바꾼 검정고시 합격증

1983년, 검정고시 시험일이 다가왔다. 국졸 검정고시 응시자가 30여 명, 중졸 검정고시 응시자가 80여 명, 고졸 검정고시 응시자가 50여 명이었다. 시험 준비에는, 중졸 응시자는 초등학교 졸업증명서가 필요하고, 고졸 응시자는 중학교 졸업증명서가 필요했다.

고등학교 중퇴인 나는 고교 재적증명서가 필요해 동생에게 부탁했다. 동생은 지난 번 출혈로 열이 펄펄 끓을 때 내 병원비를 마련하느라 무척 고생했다. 그 애가 그때 병원비를 마련해 주지 않았더라면 나는 변변히 치료도 받지 못하고 감호소 의무실에서 죽었을지도 모른다. 국가 예산으로는 소화불량에 줄 까스명수, 감기 환자에게 줄 아스피린, 상처 난 환자에게 바를 빨간 소독약도 겨우 산다며 두세 번 약을 타러 가면 나일론 환자라고 혼내는 판국이었다. 그러니 치료에 수천만 원이 들어가는 나 같은 환자는 돈이 마련되지 못하면 죽거나 죽기 직전에 형 집행정지 결정을 받아야 나올 수 있다.

훗날 내가 교도소 선교를 할 때 가족이 없는 형 집행정지를 받은 모 씨를 대신 인수하러 갔을 때의 일이다. 보안과 사무실에서 인수인 난에 도장을 찍고 그를 태울 구급차를 기다렸다. 구급차의 다리 없는 침대에 누워 있던 모 씨는 거의 사망 직전으로 눈만 끔벅거리는 상태였는데, 겨우 우유 한 모금 마시고는 공동체로 가는 도중에 사망했다. 아마 40년이 지난 지금도, 재소자 환자의 처우는 그리 좋아지지 않은 것 같다.

이처럼 여기저기서 돈을 꿔 내 목숨을 살려준 동생은 내 주인이나 마찬가지다. 그 동생이 내 모교에 가서 재적증명서를 떼 집으로 돌아오다 타고 간 오토바이와 같이 절벽에서 떨어지는 교통사고를 당해 3일간의 병원 생활 끝에 저세상으로 떠났다는 편지를 받았다. 시험 10일 전에 도착한 그 편지에는 재적증명서가 동봉되어 있었다.

'정말 이제는 하나님의 아들로 지금까지 하나님께 진 빚을 갚으며 열심히 살고자 기도하는 중인데, 하나님! 너무하십니다. 차라리 이놈을 데려가시지 그 애는 이 형을 잘못 만나 고생만 했습니다. 이곳을 나가면 그 애한테도 진 빚을 갚으려고 했는데, 누구에게 갚으란 말입니까?'

며칠 동안 한숨도 자지 않고 뜬눈으로 기도를 드렸다. 고졸 검정고시도 포기하려 했지만 그럴 수 없는 이유가 있었다. 시험에 응시하는 수형자 대부분은 실력 자체가 목적이 아니라 가출소 심사 때 가점을 받기 위해 자격증이 필요했다. 그러나 대부분 합격 점수를 받을 만한 실력이 안 되므로 응시자 중 실력 있는 사람이 빨리 문제를 풀어 합격 점수가 되면 메모지에 답을 적어 전후좌우로 돌려야 했다. 이번에는 그 책임을 내가 맡았다. 만일 내가 응시하지 않으면 그해 시험은 많은 사람들이 망치기 때문에 빠질 수가 없었다. 시험 결과, 감호소 응시자는 전원 합격이었다. 나는 그 지역의 응시자 중 3등으로 합격을 했다.

연단의 시간

🌿

1984년, 가출소 심사가 시작되었다.

1. 신원보증서
2. 취업보증서
3. 각종 자격증(국·중·고졸 검정고시 합격증)
4. 기술자격증

원래는 형행 성적표가 1번이지만 이것보다 신원·취업보증서가 없으면 심사 자체가 불가능하다. 내 옥바라지를 해주던 동생이 세상을 떠나자 남은 가족들은 나를 원망하며 소식을 끊어버렸다. 자연히 수형 생활은 궁핍해졌고, 신원보증서, 취업보증서도 부탁할 곳이 없었다.

교도소에서는 수형자들을 범털, 개털로 구분한다. 사회에서는 아르바이트라도 해서 용돈을 벌어 쓸 수 있지만 교도소에서는 막말로 어디서 훔쳐 쓸 수도 없으니 여기서는 꼼짝없이 거지같은 생활을 할 수밖에 없다.

개털들의 수형 생활은 비참하다. 치약, 칫솔이 없어 소금으로 손가락 양치질을 하고, 범털이 닭다리를 먹을 때는 침을 흘리며 훔쳐봐야 한다.

훗날 신학교를 나와 교도소 집회를 인도할 때 어떤 재소자의 편지를 주제로 간증을 했다.

"전도사님! 며칠 밤, 배가 아파 한잠을 자지 못했습니다. 속이 쓰려 우유 한 모금만 마시면 배가 씻은 듯이 나을 것 같은데……. 이곳은 사방이 벽으로 막혀 아무도 우유 한 모금 나누어 주지 않습니다. 전도사님! 도와주십시오."

범죄를 저지르고 감옥을 들락거리는 사람들에게는 한 가지 공통된 특징이 있다. 처음에는 돈을 모아 전셋집을 얻고 장사를 해서 돈을 벌어 결혼도 하고 남들과 같이 살기를 원한다. 큰 그림을 그리며 열심히 일해 차곡차곡 돈을 모으기 시작한다. 한 달이 지나면 300만 원이 모인다. 두 달이 지나 500만 원이 모이면 여기부터가 한계다. 두 달이라는 시간이 너무 길게 느껴지고 자신이 부자라고 생각한다. 500만 원을 100만 원짜리 수표 5장으로 바꿔 지갑에 넣고 다니며 만나는 사람마다 자랑을 한다. 전셋집을 얻어 결혼할 생각은 잊어버린 채 명품 옷을 사 입고 술을 마신다.

천만 원이 넘으면 그때부턴 돈 모으는 재미를 느껴 하루가 지나면 천십만 원 또 하루 일하면 천이십만 원…….

공동체를 운영하는 리더는 구성원들이 천만 원을 모을 때까지만 잘 이끌어 주면 그때부터는 스스로 돈 모으는 재미를 느껴 열심히 일한다. 500만 원을 쓰기 시작한 친구는 5만 원이 될 때까지는 500만 원이 있는 것으로 착각을 하다 5만 원짜리가 1장 남으면 그때부터 허둥지둥 댄다.

　공동체를 찾아오는 친구들에게 물어보면 천만 원은 그들이 평생 처음 만져보는 거금이란다. 또 그들은 돈이 떨어지면 합리적인 생각을 못하고 그저 막가는 생각을 한다. '오직 어떻게 하면 이미 써버린 500만 원을 내 주머니에 다시 넣어 놓을 수 있을까?' 생각 끝에 내린 결론은 목돈을 챙길 수 있다는 잘못된 생각으로 범죄를 저지르다 개털 재소자가 되는 것이다.

　"여러분, 개털로 수형 생활을 하는 것이 얼마나 어려운지 너무나 잘 압니다. 결단코 여러분에게 도둑질하라고 시키는 건 아닙니다. 그러나 어차피 죽느냐 사느냐의 갈림길에서 도둑질할 수밖에 없을 때는 천만 원짜리 사건을 저질러 500만 원은 따로 감춰놓고 체포되면 그 돈으로 감옥에서 빵이라도 사 먹지, 돈이 다 떨어진 후 다시 도둑질하다 체포되어 개털 옥살이를 해야 하겠습니까?"

　그날 돌아오는 차 안에서 목사님이 "전도사님! 오늘 큰 실수를 하셨습니다. 도둑질하라고 설교하는 목회자가 어디 있습니까?" 하신다.

　"네, 맞습니다. 목사님이 보시기엔 분명 이상한 전도사입니다.

도둑질은 분명 십계명에서 금지된 해서는 안 되는 행위입니다. 하지만 잠언에 보면 아굴이 하나님께 구한 두 가지 기도 중에도 도둑질에 관해 말씀하십니다."

"내가 두 가지 일을 주께 구하였사오니 내가 죽기 전에 내게 거절하지 마옵소서 곧 헛된 것과 거짓말을 내게서 멀리 하옵시며 나를 가난하게도 마옵시고 부하게도 마옵시고 오직 필요한 양식으로 나를 먹이시옵소서 혹 내가 배불러서 하나님을 모른다 여호와가 누구냐 할까 하오며 혹 내가 가난하여 도둑질 하고 내 하나님의 이름을 욕되게 할까 두려워함이니이다."(잠 30:7-9)

사흘 굶어 도둑질 안하는 사람이 없다고 했다. 과거 ○○수사기관 신우회의 초청으로 간증 집회를 인도할 때 예로 들었던 얘기다.

"개똥이와 순둥이는 강남의 한 산부인과에서 같은 날 태어났습니다. 개똥이 어머니는 미혼모로, 친구와 같이 와서 아기를 낳고 그날 밤 몰래 병원을 도망쳤습니다. 개똥이는 그 시간 이후 병원에서 골칫덩이가 되었습니다. 반면, 순둥이는 유복한 가정의 3대 독자로 태어나 가족 모두의 사랑으로 건강하게 잘 자라 훗날 국가기관에서 일하게 되었습니다. 병원에서 개똥이는 지자체를 거쳐 보육원에서 자라게 되었는데, 배가 고파 주방에 들어가 음식을 훔쳐 먹다 붙잡혀 두들겨 맞기도 했습니다. 배고플 때마다 빵도 훔치고 돈도 훔쳤습니다. 개똥이의 유년 시절에 누군가 예수님의 사랑으로 가르치며 이끌어 주었다면 전과자 개똥이도 훌륭한 사회인이 되지 않았을까요? 이 일을 예수 믿는 우리가 하면 하나님이 기뻐하시겠지요?"

검정고시 전까지는 범털이었던 내가 순식간에 개털로 떨어졌다. 남은 돈으로 1년치 치약, 칫솔, 비누를 사고 연습지도 10권 사고 계속해서 학력고사도 준비했다. 원래 처음 목표는 성경 20번을 쓰는 것이었다.

성경을 정성껏 쓰다 보면 성령님이 직접 말씀을 해주시는 감동을 느낄 때가 있고, 감사기도를 시켜주시기도 했다.

"그리스도 예수를 위하여 갇힌 자 된 바울과 및 형제 디모데는 우리의 사랑을 받는 자요 동역자인 빌레몬과……우리 주 예수 그리스도의 은혜가 너희 심령과 함께 있을지어다."(몬 1-25)

"너희는 이 세대를 본받지 말고 오직 마음을 새롭게 함으로 변화를 받아 하나님의 선하시고 기뻐하시고 온전하신 뜻이 무엇인지 분별하도록 하라."(롬 12:2)

"그러므로 하나님의 뜻대로 고난을 받는 자들은 또한 선을 행하는 가운데에 그 영혼을 미쁘신 창조주에게 의탁할지어다."(벧전 4:19)

나는 성령님이 함께해 주신 기도를 지금까지 네 번 한 것 같다.

첫 번째는 안동에 있는 병원 중환자실에서 깨어났을 때의 회개기도다. 두 번째는 동생의 죽음 소식을 듣고 죄책감에 드린 슬픔의 기도, 세 번째는 수형 생활을 통한 연단이 너무 힘들어 하나님께 대들었다가 죽지 않을 만큼 호된 매를 맞고 드린 회개기도, 네 번째는 출소 후 공동체를 운영하다 공동체를 버리고 떠났다가 다시 올 때 드린 기도다.

평소 행사에 초청되어 대표 기도를 할 때도, 교회를 운영할 때도, 출소자들이 사고를 쳐서 수갑을 차고 형사에게 끌려가는 모습을 볼 때도 아픈 마음이 담긴 기도를 했지만 이 네 번의 기도 때 받았던 그런 감동은 받지 못했다.

감호소 생활이 기쁘고 감사하고 행복하다고 한다면 아마도 미친 사람일 것이다. 세상에서 돈 많은 부모를 둔 자녀 중 부모님 것이 제 것인 양 분수에 맞지 않는 삶을 살다 부모님을 욕보이는 경우를 매스컴을 통해 종종 접하게 된다. 세상을 창조하시고 죽은 자를 살리시고 오병이어의 기적을 보여주신 하나님을 내 아버지로 확신하는데, 지금 겪고 있는 어려움은 무엇인가? 결론은 온전한 하나님의 아들로 키우시기 위해 단련을 시키시는 과정이라고 확신했다. 언제 하나님의 도구로 출정할지는 모르지만 그날 내 아버지이시고 감독이신 하나님을 실망시켜 드리지 않기 위해 최선을 다하자고 다짐했다.

"그러므로 사랑을 받는 자녀 같이 너희는 하나님을 본받는 자가 되고 그리스도께서 너희를 사랑하신 것 같이 너희도 사랑 가운데서 행하라."(엡 5:1-2)

이 말씀을 상기하며 더 열심히 고통당하는 동료 재소자를 위로하고, 꼴통들의 괴롭힘으로 힘들어 하는 동료를 대신해 그들을 하나님께 이끄는 일을 하다 보니 시간이 모자랐다. 1년이 지나고 또 1년이 지나 두 번째 가출소 심사일이 다가왔다. 과거 6개월 미결수 생활을 했을 때는 얼마나 힘이 들었는지 체중이 8킬로그램이나 줄어 해골 같은 모습으로 출소했었다. 그러나 5년간의 감호소 생활 중에는 하혈로 한 달간 중환자실에 입원까지 했지만 55킬로그램의 정상 체중으로 건강한 것은 하나님의 보호하심이라 확신하고 매일매일 천국과 같은 생활을 했다.

"주께 힘을 얻고 그 마음에 시온의 대로가 있는 자는 복이 있나이다."(시 84:5)

감옥 생활 중 어려움을 이길 힘은 예수님께 얻고, 하나님의 길(대로)을 가고자 하니 감호소가 바로 천국이었다.

가출소 후 청량리에 공동체 둥지 마련

1. 내 영혼이 은총 입어 중한 죄짐 벗고 보니
   슬픔 많은 이 세상도 천국으로 화하도다

   할렐루야 찬양하세 내 모든 죄 사함받고
   주 예수와 동행하니 그 어디나 하늘나라

2. 주의 얼굴 뵙기 전에 멀리 뵈던 하늘나라
   내 맘속에 이뤄지니 날로날로 가깝도다

3. 높은 산 이 거친 들이 초막이나 궁궐이나
   내 주 예수 모신 곳이 그 어디나 하늘나라

　가출소 발표 이틀 전, '내 영혼이 은총 입어(찬송가 438장)' 찬송을 흥얼거리며 운동을 하고 있는데, 기독교 담당 교도관, 관구 주임, 범털 재소자들이 관심을 가지고 물어왔다.

"하나님이 보증을 서주셨으면 나갈 것이고, 못 나가면 아직 훈련이 덜 돼서 훈련 기간을 2년 더 늘리시겠지요."

그 말에 손가락을 흔들며 돌았다고 비웃는 이도 있었다. 출소 전날 저녁, 기독교 담당 교도관이 뛰어와 "802번 내일 출소합니다. 준비하십시오. 정말 잘 됐습니다." 한다. 기쁨보다 두려움이 컸기에 밤새 기도를 드렸다.

'하나님 감사합니다. 그리고 두렵습니다. 오늘까지는 따뜻한 온실 속에서 하나님의 사랑으로 천국 삶을 살았습니다. 이제 저 철문을 나가면 비바람이 불고 번개가 치는 황량한 벌판입니다. 하나님이 붙잡아 주셔야 바로 설 수 있습니다. 빌레몬서에 나오는 오네시모와 같이 이 죄인을, 변화된 오네시모로 잡아 주십시오.'

철커덩 철문이 열리며 5년 6개월 만에 밖으로 나왔다. 주황산에 있는 기도원에서 삼일 기도를 드리고, 문방구에서 연습지 2연과 볼펜 심 5,000개를 사서 교육생 담당 교도관에게 전달한 다음 밤차를 타고 고향으로 내려가 아버님 산소에서 밤새 용서를 빌었다. 그리고 다시 성남 공원묘지에 들러 나 때문에 죽은 동생묘를 둘러본 후 서울로 올라와 고덕동에 사는 동생들을 멀리서 훔쳐보았다.

그 후 청량리 청과 시장을 찾아가 시장에서 과일을 운반해 주는 노동자들이 사는 쪽방에 숙소를 마련하고 그 이튿날부터 일자리를 찾아 나섰다. 며칠 만에 얻은 일자리는 신문 배달이었다. 새벽

3시에 지국으로 가 신문 사이에 광고지를 끼우고 5시부터 신문을 돌리고 8시에 집에 가서 아침을 먹고 또 일자리를 찾아다녔다. 이 번에는 저녁 5시부터 10시까지 주차관리하는 일을 하게 되었다.

낮에는 신설동 학원에 가서 국어, 영어, 수학을 공부하고, 틈틈이 성경 공부도 열심히 했다. 어느 날, 주차관리를 끝내고 늦은 시간에 청량리역 앞을 지나 집으로 가다가 역 앞 마당 여기저기에 노숙자들이 잠을 자기 위해 빈 박스를 깔고 누워 있는 모습을 보게 되었다. 왠지 모르게 안타까운 마음이 들어 역 매점에서 컵라면 몇 개를 사서 물을 부어 나누어 주는데, 시커먼 이불을 뒤집어쓰고 잠을 자던 한 사람이 일어나 "802번 형님, 저 모르시겠어요?"라고 한다. 자세히 보니 교육생으로 있을 때 범털들의 심부름을 해주고 생필품을 얻어 쓰던 친구였다. 근처 식당으로 데려가서 국밥을 사 먹이고 사정을 물어보니 청송에서 나온 지는 3일 됐고, 가지고 나온 돈으로 옷 한 벌 사 입고 술 한 잔 먹으니 돈이 떨어져 노숙을 하게 되었다고 했다.

"이제 어떻게 할 건데? 술 먹을 때 잠자리 걱정은 안 되든? 너 아직 정신 못 차렸구나? 그러다가 또 감호소 가려고? 잘 생각해 봐. 그 지긋지긋한 지옥에 다시 가지 않고 살려면……."

그리곤 그 친구와 헤어져 집으로 돌아왔다. 이튿날 퇴근 시간에 청량리역을 지나오는데, 그 애가 따라오며 일하고 싶지만 어디 가서 어떻게 일자리를 찾아야 하는지 모르겠다고 한다. 다음 날 아침 10시에 만나자고 약속하고 헤어졌다. 10시에 만나 리어

카 보관소에서 리어카 한 대를 빌려 건네주었다.

"헌 옷, 박스 등을 주워 고물상에 팔고 잠은 찜질방에서 자고 돈을 모아 방을 얻고 그러다 네가 배부르면 청송에 있는 개털 후배들도 좀 생각하고 이렇게 살다 보면 서서히 너도 잘 살 수 있어."

그리고 며칠 동안 그 녀석을 지켜보았는데, 노숙할 때는 모든 것을 체념한 듯 멍한 표정이었으나 살고자 하는 의욕이 보였다.

단칸방이지만 둘이 자기엔 그런대로 지낼 수 있을 것 같아 그 애를 집으로 데리고 와서 다음날 새벽부터 신문 배달 연습을 시켰다. 폐지나 헌 옷을 주워 파는 것보다 수입이 많고 열심히만 하면 좋은 직장이 될 것 같은 생각에 신이 났는지 더 열심히 했다.

"이렇게만 하면 머지않아 너도 방을 얻어 독립할 수 있을 거야. 열심히 해보자."

며칠 후 내가 하던 신문 배달 일을 그에게 물려주면서 "신문 배달 일을 하며 또 다른 일, 수입도 이 일보다 많고 네가 좋아하고 즐겁게 할 수 있는 일을 한번 찾아봐. 우선은 생계를 위해서 어쩔 수 없이 신문을 배달하지만 이것을 첫 계단으로 생각하고 높은 곳을 오르기 위한 과정이라고 여긴다면 그다지 힘들지는 않을 거야. 그리고 돈은 꼭 쓸 곳에만 쓰고 남은 돈은 다 저금해라. 괜히 돈 생겼다고 옷 사고 떡 사 먹다 돈 떨어져 허둥대지 말고. 술은 절대 안 된다. 나하고 같이 생활하려면 명심해. 만일 어길 시 한 번만 용서해 달라고 하기 전에 스스로 알아서 조용히 떠나."라고 당부했다.

그에게 신문 배달 일을 넘겨주고 다른 일을 찾던 중 우유 배달 일을 하게 되었다. 우리는 열심히 일하며 하나님께 진 빚을 어떻게 갚을까 계속 고민했다. 이때 힘든 교도소 담 안 생활에서 유일한 기쁨의 말씀을 해주셨던 이정찬 목사님께서 병원에 계신다는 소식을 듣고 문병을 갔다.

너무 반가워하시는 목사님께 약간의 선교헌금을 드리고 돌아오려는데, 부탁이 있다고 하셨다. 지방교도소 선교 일정 때 교통편을 도와주시던 집사님께서 사정이 있어 떠나시고 대중교통으로 무리하게 다녀오시다 탈이 났으니 좀 도와줄 수 없느냐는 말씀이셨다.

목사님을 편히 모셔 그분이 홀가분하게 말씀을 전하시고 많은 재소자가 감동해 한 사람이라도 더 예수 믿는 사람으로 돌아갈 수만 있다면 이것이 내가 사회에 진 빚을 갚는 것으로 생각하고 "기꺼이 도와드리겠습니다."라고 했다.

이후 전라도 지역 교도소, 경상도 지역 교도소, 경인·충청 지역 교도소 등 전국 교도소로 목사님을 모시고 다녔다.

청송 1감호소 집회를 위해서는 새벽 5시에 서울을 떠났다. 중부고속도로를 타고 음성에서 내려 국도로 수안보를 거쳐 문경새재를 넘고 예천, 안동을 지나 청송으로 가는 코스인데, 장장 5시간이 걸렸다. 지금은 영동고속도로를 타고 여주를 지나 내륙고속도로로 안동까지 가 청송으로 가는 3시간 30분의 편한 이동

거리지만 당시엔 꼬불꼬불 비탈길이어서 가다 보면 운전하는 나는 물론이고 목사님, 후원자분들도 파김치가 되어 도착했다.

그러던 어느 날, 수안보를 지나 문경새재를 오르는데, 갑자기 목사님께서 머리가 아프고 토할 것 같다고 하셔서 차를 잠깐 세웠다. 괜찮으시냐고 물으니 그냥 빨리 가자고 하셔서 속력을 내서 감호소에 도착하니 기진맥진하신 목사님이 일어나질 못하신다. 겨우 집회 시간에 맞춰 도착했는데, 정작 목사님께서 편찮으시니 누가 예배를 인도한단 말인가. 어찌어찌하여 교회당에 도착하니 찬송 소리가 들렸다.

"이수영 씨 어떻게 좀 해봐."

"제가 어떻게 해요. 한 번도 해본 적이 없는데다 또 제가 이 많은 사람들 앞에서 무슨 말을 해요."

"그럼, 저 사람들 찬송만 하다 돌려보낼 겁니까? 해봐요."

목사님의 말씀에 나는 잠시 기도한 후 강단에 올라갔다. 그리고 두서없이 감호소에서의 고통스러웠던 생활, 하나님을 만났을 때의 감동, 동생의 죽음, 찬송하며 천국을 보는 즐거움, 출소 후 하나님의 인도로 무의탁 출소자들과의 삶 등을 중언부언하기 시작했다. 정신없이 말하다 보니 동병상련의 감정을 느꼈는지 여기저기서 훌쩍거리는 소리가 들리더니 마침내 엉엉 소리 내 울기 시작해서 교회당이 울음바다가 되었다. 나도 울고 목사님도 울고 인솔한 교도관들도 울고. 한동안 우리는 속이 후련하도록 실컷 울었다.

집회가 끝나고 돌아오는 차 안에서 목사님은 자신이 추천서를 써줄 테니 신학을 공부하라고 하셨다. 신학교에 다니며 3명의 출소자와 생활하면서 생계를 위해 열심히 일도 했다.

청량리 쪽방촌과 답십리 뚝방촌 공동체

 1987년, 청량리 쪽방에서 순○와 시작한 동거가 1년여 계속되었다.

 저녁 주차관리를 끝내고 영업 마감을 도와 가게의 쓰레기와 음식물 찌꺼기를 처리해 주고 나면 주방장님이 그날 사용하고 남은 반찬 등을 챙겨주신다.

 쪽방에서는 전기밥솥에 밥을 해놓고 근무시간에 맞춰 식사를 하고 설거지 등은 각자가 처리하는 자율 체제로 운영했다.

 몇 달의 시간이 흘러간 후 순○와 같이 감옥생활을 했던 또 다른 출소자가 찾아왔다. 사실 처음부터 출소자 공동체를 만들어서 많은 출소자들과 함께 예수님의 인도하심에 따라 새 삶을 살고 그들을 이끌겠다는 큰 꿈을 꾼 것은 아니었다.

 우선은 열심히 살고 돈을 모아 자리가 잡히면 가장으로 그동안 동생들과 딸, 어머니에게 못다 한 도리를 다하고 싶었다. 그리고 할 수만 있다면 아직도 주님의 큰 축복과 권능을 깨닫지 못하고 가족과 이웃을 미워하고 원망하며 복수의 칼을 갈고 있는 불쌍한 사람 한 명만이라도 나를 사랑하시고 구원해 주셔서 세상을 따뜻하게 느끼고 새 삶을 다시 시작할 수 있도록 세상을 바로 깨닫게 해주신 하나님께 인도하리라 생각하고 있었다.

그런데 갑자기 찾아온 순○를 돌려보내지 못했듯이 또 순○를 찾아온 그의 감방 동료 또한 외면하면 그 친구가 다시 감옥에 갈 것 같아 울며 겨자 먹는 심정으로 동거를 허락할 수밖에 없었다.

혼자 기거하려고 월 15만 원에 얻은 쪽방에서 3명이 생활하다 보니 불편한 점이 한두 가지가 아니지만 무엇보다 집주인에게 미안한 것이 가장 큰 문제였다.

겨우 사정을 해서 집세를 10만 원 더 내기로 하고 방을 구해 빨리 이사하기로 했지만 하루하루가 바늘방석에 앉아 사는 생활이었다.

그러던 어느 날, 답십리 뚝방촌에 있는 판잣집을 판다는 얘기를 듣게 되었다. 가보니 판잣집은 맞는데, 벽의 판자는 뜯겨져 속이 훤히 들여다보이고, 지붕은 루핑에 구멍이 나 비가 오면 여기저기 그릇을 놓고 빗물을 받아야 할 형편이었다. 과연 이곳에서 살 수 있을까 걱정이 되는 집이었다.

하지만 당장 이들을 데리고 떠날 방법은 이 집을 사는 수밖에 없었다. 그동안 모은 돈을 털고 모자라는 것은 빌려 판잣집으로 이사를 했다. 그 이튿날부터 고물상을 돌아다니며 집수리에 필요한 합판과 기둥으로 쓸 철근 등을 사 모았다.

이때 우리의 사정을 알고 계시는 하나님께서 한 천사님(이 책에서 소개한 여덟 번째 천사)을 보내주셨다. 정말 막막했는데, 그 천사 분이 모든 자재를 무상으로 주시고 고물상 인부와 같이 오셔서 며칠 만에 그곳에 있는 판잣집 중에서 제일 멋있게 수리해 주셔서 다시 한 번 하나님의 큰 은혜를 체험할 수 있었다.

그 덕분에 작지만 방이 3개 있어 하나씩 차지하고 앉아 또 다른 출소자가 찾아오기 전까지 한 달여 동안 안락한 생활을 했다. 그리고 몇 달이 지나지 않아 식구가 일곱으로 늘어났다.

두 친구는 건설 현장에 나가기 때문에 새벽 5시에 나가고, 신문 배달하는 친구는 새벽에 나갔다가 8시쯤 돌아와 아침을 먹고 설거지를 했다. 또 다른 친구는 7시쯤 아침을 먹고 출근을 해서 저녁 6시 퇴근을 해 저녁을 먹고 짐 정리를 하는 등 각자 쉬는 시간에 공동체 정리를 하는 체계를 만들어 같이 생활하는 데 큰 어려움은 없었다. 그리고 매일 저녁 9시에는 야간 일을 하는 친구를 빼고 모두 모여 하루를 되돌아보며 각자 주님의 말씀대로 살지 못한 것을 회개하고, 내일은 더 열심히 살고 무엇보다 입으로 떠벌리는 성도가 아니라 행동 하나하나에 예수님의 향기가 묻어나는 삶을 살자고 다짐했다.

다른 사람들이 보기에는 초라하고 힘든 삶이지만 우리는 각자가 벌어들인 돈을 저축하고, 그중 하나님의 몫을 떼어 이웃을 위해 사용했다. 그리고 주일에는 교회에 나가 교통 봉사도 하며 머지않아 하나님의 아들로 변화되어 가족과 이웃에게 도움이 되는 삶을 사는 희망을 갖게 되니 삶이 즐겁고 매일매일이 행복했다.

당시 우리 공동체 식구가 섬기는 교회 목사님 내외분과 장로님이 심방을 오셨다.

10평 남짓한 판잣집에서 3명은 한 방, 다른 2명은 다른 방에서 문을 열어 놓고 장로님과 사모님과 목사님은 엉거주춤한 자세로 싱크대 앞에서 예배를 드렸다. 목사님은 설교 도중에 다리에 쥐가 나시는지 계속 다리를 주무르시고, 사모님과 장로님은 연신 코에다 침을 바르시며 어쩔 줄 몰라 하셨다. 나는 그 모습이 안타깝기도 하고, 어릴 때가 떠올라 웃음이 나기도 했다.

이 일이 있고 한 달쯤 지난 어느 날, 목사님 심방 때 동행하셨던 장로님이 우리 판잣집에 라면 등 생필품을 잔뜩 들고 오셔서 내게 수유 시장 옆 빨래골에 다가구 주택을 사서 상가 빌딩을 지으려 했는데, 사정 때문에 당분간은 빌딩을 지을 수 없어 비어 있으니 그곳으로 공동체를 옮겨도 좋다고 하셨다.

그날 밤, 우리는 우리가 회개하고 주님의 말씀대로 열심히 살 때 하나님께서 꼭 필요한 것을 채워주시기 위해 예비하심에 감사기도를 드렸다.

그 이튿날부터 직장에 다니는 두 사람을 빼고 나머지 식구들은 매일 이사 갈 집으로 출근해 마당에 있는 잡초를 뽑아내고 집안 청소를 했다.

고물상을 하시는 천사님은 건축 일을 하시는 지인 분과 함께 오셔서 지붕 새는 곳을 수리해 주시고 페인트칠을 해주셔서 1년여를 비워 두어 우중충했던 구옥을 새집으로 만들어 주셨다.

삼양동 빨래골로 공동체 이전

1989년 5월, 드디어 정말 집 같은 집으로 이사를 했다.

그래서 기도 끝에 우리는 '사계절의 집'이라는 문패를 달았다. 입주예배도 드렸다.

목사님, 사모님, 집주인이신 장로님, 교회식구 여러분, 권사님 (이 책에서 소개한 첫 번째 천사)과 교우 여러분 등 50여 분이 오셔서 우리의 앞날을 위해 기도해 주셨다. 특히 감사한 것은 권사님의 제안으로 후원회가 만들어지고, 교도소 선교와 사계절 공동체에 대한 지속적인 도움을 약속하셨다.

입주예배 후 우리는 모두 한자리에 모여 앉아 이럴 때일수록 더욱 조심해서 살고, 각자 예수를 믿는 사람으로 본이 되는 삶을 사는 데 솔선수범하자고 다짐했다.

그리고 공동체 식구가 지켜야 할 공동체 훈도를 7명 모두의 의견을 모아 만들었다.

첫째, 매일 2회 이상 말씀을 5페이지 읽고 묵상하고 기도한다.

둘째, 기독교인임을 자각하고 삶을 통해 증명한다.

셋째, 열심히 일하고 수입의 80퍼센트는 저축한다.

넷째, 빠른 시일 내에 가족에게 돌아가 그들에게 진 빚을 갚기 위해 노력한다.

후원 회장을 맡으신 권사님은 당신이 운영하시는 설렁탕집에서 5일에 한 번씩 맛있는 반찬을 만들어 보내주셨고, 우리는 당번을 정해 식사 준비 등 공동체 일을 분담하며 각자 열심히 생업에 임했다.

선배인 우리가 지키고 꾸려온 전통과 분위기가 좋아 큰 사고 없이 사계절 공동체가 출소자들이 사회에 복귀하는 데 꼭 필요한 중간 기착지 역할을 잘하고 있다고 생각했다.

신학교 졸업과 공동체 운영의 어려움

1980년대 초, 영등포구치소(현 남부구치소)를 시작으로 전국 교도소에 성령이 임하셔서 회개기도가 넘쳐나고, 찬송 소리가 담 밖에까지도 우렁차게 들릴 정도로 그야말로 교도소가 교회로 바뀌어 갔다. 도심 가운데 있던 영등포구치소도 아침 새벽 기도로 하루를 시작해서 일과가 끝난 저녁 시간에는 감방마다 찬송을 부르고 성경을 암송하고 같이 기도하는 것이 일상생활이 되었다. 1982년인가 1983년에는 영등포구치소에 신우회가 설립되었다. 구치소에서 하나님을 만난 재소자 중 징역형을 확정받은 죄수들이 전국 교도소로 이감되면 각 교도소에서 동료 재소자들을 전도하고 같이 예배드려 어느덧 교도소 감방이 교회가 되었다.

1990년, 신학을 공부하며 이정찬 목사님을 모시고 지방 출장이 잦아 공동체를 비울 때가 많았다. 그래서 청량리 시장에서 운영하던 도장과 열쇠 수리 부스를 곧 가정으로 돌아갈 성○라는 친구에게 평생 직업으로 삼아 잘 배우라고 실습장으로 내주었다.

공동체 식구들의 소식을 전해 듣고 오는 출소자와 각 교도소

교무과장님의 추천으로 찾아오는 출소자가 늘어나 그중에서 고심 끝에 받아들인 식구가 16명까지 됐다. 16명의 대식구가 생활하는 데 드는 비용은 후원 회장님이 모아주신 150만 원과 지방 출장이 없는 날 이삿짐센터에서 하는 알바비, 열쇠 수리 부스에서 버는 수입 중 성○에게 주고 남은 돈, 이것도 모자라면 닥치는 대로 일을 해서 충당했다.

어떤 이는 공동체 식구들에게 사정을 설명하고 일정 부분을 분담하도록 요청하는 것이 어떠냐고도 했다. 경험상 그렇게 하는 다른 공동체를 보면 구성원들의 내재된 불만이 많았고, 또 법무보호복지공단에서 운영하는 출소자 시설도 그들에게 비용 분담을 요구하는 곳은 없었다. 무엇보다 공동체 설립 목적과도 다소 어긋나 보였다. 세상을 비관하고, 다른 이에게 위해를 가하고, 가족까지 나 몰라라 하며 범죄를 저질러 형기를 살고 나온 그들의 생각을 바꾸는 것이 목적이므로 누군가는 자신들을 위해 희생하는 본을 보이는 것이 무엇보다 중요하다고 생각했다. 나는 어렵고 힘들지만 그들에게 부담을 주지 않을 것을 다짐하고 또 다짐했다.

물론, "내 죄를 사해 주시기 위해 십자가에서 피를 흘리고 죽으신 예수님을 생각할 때" 주의 종으로 내 가족과 다른 이들에게 진 빚을 갚는 과정이라 생각하니 감사하기도 하고, 또 어느 땐 솔직히 언제까지 이 빚을 갚아야 하나 아득하기도 했다. 정말 어려울 때가 많았다.

각종 공과금을 못내 단전 경고장이 나오면 몰래 감춰두고 주간보다 1.5배의 일당을 주는 야간 도로 보수 현장에서 일하기도 했다.

이런 사정을 눈치 챈 경○가 자기가 모은 돈을 내놓으며 이 돈으로 미납 공과금을 내라고 할 땐 너무 고맙고 미안해 함께 울며 기도드리기도 했다.

그러나 나는 그 돈을 차마 쓸 수가 없었다. 그 돈을 모으는 목적과 용도를 알고 있고, 또 그 돈을 모으기 위해 얼마나 먹고 싶고 하고 싶은 것을 참았을까 생각하니 도저히 그 돈으로 공과금을 낼 수 없었다.

사정을 알고 계시는 하나님께 기도했다.

"알고 계시죠? 열심히 했는데 지혜가 부족해 어려움에 처해 있습니다. 하나님, 능력 없는 못난 종이 욕먹는 것은 두렵지 않습니다. 허나 세상 모든 것을 주관하시는 하나님이, 당신의 말씀을 믿고 말씀대로 살기를 갈망하는 우리가 겪는 어려움 때문에 하나님이 조롱을 받으셔서야 되겠습니까? 하나님 지혜를 주셔서 물질 때문에 주님을 욕보이지 않게 해주십시오."

식구가 늘어나면서 물질 부족도 문제지만 또 다른 문제들이 발생하기 시작했다. 공동체 식구들 중에 탈선하는 친구가 생겨나기 시작한 것이었다.

입주 조건 중에 최우선이 금주다. 그런데 일터에서 고생했다고 주는 술을 거절하지 못하고 마시고 귀가해 횡설수설하는가 하면, 동네 어귀에서 소란을 피워 경찰에 연행되는 일도 발생했다. 내가 음주에 대해 단호하게 된 이유는 마음속에 있는 원망과 미움을 주님의 말씀으로 억누르고 견뎌 승리하고자 이를 악물고 잘 살다가 한순간 술 때문에 폭발해 다시 감옥에 가는 공동체 식구를 아픈 마음으로 바라본 적이 있었기 때문이다.

경찰서에 가 피해 배상을 해주고, 연행된 친구를 훈방 처분을 받게 해 데리고 나왔다. 그리고 나는 더 이상 내 앞에서 수갑 차고 끌려가는 꼴은 못 보겠으니 이 길로 공동체에서 짐을 챙겨 스스로 떠나라고 말한 후 교회에 가서 지혜를 주시기를 기도했다.

가끔 교회나 회사 기독교 모임에 초청을 받아 간증을 했는데, 그때 모임에서 주는 사례비가 짭짤해 공동체 운영에 필요한 비용을 충당했다.

하나님이 주신 은혜와 축복이 고맙고 감사해 기쁨과 감사의 시간도 있었고, 물질의 부족함은 단련을 위한 하나님의 훈련임을 확신하기에 감사하며 이겨냈다. 하지만 공동체 식구들의 탈선으로 다시 구속되는 일이 있을 때마다 큰 아픔과 갈등을 겪었다.

무언가 다른 방법을 찾아야 했다. 공동체가 커지고 나 혼자 감당하기가 버거워졌다. 특히 섬기던 교회에서 공동체 식구들이 불미스러운 사고를 치자 다른 교회로 가달라고 했을 때는 모든 것이 절망, 그 자체였다.

지금 이 글을 쓰며 그 해답을 구하기 위해 기도원에서 무기한 금식기도를 드리다 병원에 실려 갔던 때가 생각나 눈물이 난다.

결론은 출소자를 잘 알고 이해하고 사랑하고, 출소자와 재소자 가족들이 속이 후련하게 통성기도를 드릴 수 있도록 참여하는 목회자들에게 내 짐을 나눠지자고 할 요량으로 우리만의 교회를 만들기로 작정했다.

빌립보교회 설립과 결별

　1991년 3월, 서울 양재동 횃불선교회관에서 '전국 교정신우회 창립예배'에 재소자를 대표해 감사 간증을 했다. 1992년에는 교정신우회 직원 중 첫 신학교 졸업생이 나와 교도관 목회자가 탄생했고, 출소자 중에도 신학을 공부해 목회자의 꿈을 키우는 이가 여럿 있었다.

　지금도 그렇지만 재소자 가족들이나 출소자들이 마음 편히 기도할 수 있는 교회가 그리 많지 않다. 기도 중에 남편이나 자식이 교도소에 수감되어 있는 것이 다른 성도들에게 알려지면 색안경을 쓰고 보기 때문에 속으로 기도드렸던 나는, 교도관 목사님과 출소자들이 속이 뻥 뚫릴 수 있게 기도드릴 수 있는 교회를 설립할 계획을 세웠다.

　그리고 현직 교도관 목사님 2명, 신학생 교도관 1명을 설득해 나를 포함한 4명이 모여 한 교도관 목사님은 명의를, 나는 보증을 서 대출을 받아 영등포에 교회를 설립했다.

　교도관 목사님을 선택한 중요한 이유는 다음과 같다.

　첫째, 재소자들과 생활을 같이하기 때문에 그들을 가장 잘 안다.

둘째, 그들이 감옥에 오게 된 이유를 알기에 재범 방지를 위한 처방도 할 수 있다.

셋째, 기독신우회 활동을 통해 하나님의 권능으로 이들이 새 삶을 생각할 수 있게 하는 기회를 제공하는 것이 어느 정도는 입증되었기 때문이다.

넷째, 목회자가 가족을 부양하려면 돈이 필요한데, 교정 공무원이기 때문에 월급이 있어 부담 없이 봉사할 수 있다.

교회 설립 3개월 만에 우리 교회를 섬기는 교인이 50명이 넘었다. 출소자가 반, 재소자 가족이 반.

주일예배 시간에는 벼랑 끝에서 간절하게 하나님께 구하는 기도 소리와 애절한 찬송 소리가 일반 참석자들에게 감동을 주기도 했다.

처음에는 설립 멤버 모두가 감옥에 있는 사람이나 그 가족, 출소자들의 진실한 믿음 생활과 주님의 축복을 기도했다.

시간이 지나면서 가난하고 힘든 재소자 가족이나 출소자들의 아픈 마음을 다독이는 데는 가난한 교인들이 바치는 헌금으로는 교회 운영조차 어려워 설립자 4명이 갹출을 해서 운영을 했다. 계속 그렇게 할 수밖에 없는 상황이 되자 조금씩 간극이 생겨났다.

목사님 두 분과 내가 교대로 설교를 했는데, 한 분은 설교 때마다 헌금을 강조했고, 또 한 분은 봉사를 열심히 하면 사정을 아시는 하나님께서 채워 주신다고 쪼들리는 교회 재정이지만 봉사를 중단해서는 안 된다고 고집을 세웠다.

교회 설립 6개월 만에 봉사를 고집하던 목사님이 돈만 아는 목사와는 같이할 수 없다며 떠나갔고, 일 년 후 신학교를 졸업한 전도사도 떠나갔다. 하나님 안에서 형제님, 자매님 하며 정말 가족 같은 마음으로 시작했는데, 교회 안에서 왜 양보가 안 되는가?

더구나 교도관으로 오랫동안 근무한 분들이 재소자나 출소자를 보는 눈이 왜 일반 교인을 보는 기준과 같지 않은가?

일반 교인과 재소자 가족, 출소자 교인의 숫자가 조화롭게 이루어지지 않으면 정말 안 되는 것인가?

그래도 일반 교회에서 출입금지를 당했던 공동체 가족들이 기뻐하고 주일예배 후에는 생기 있는 얼굴로 일주일을 보내는 것을 볼 때 교회만은 지키려 노력했다.

"삼가 누가 누구에게든지 악으로 악을 갚지 말게 하고 서로 대하든지 모든 사람을 대하든지 항상 선을 따르라."(살전 5:15)

마음이 무거워 퇴근시간에 기독교 방송을 들으며 운전을 하는데, 악으로 악을 갚지 말고 선을 따르라는 설교 말씀이 나온다. 미워지려는 마음을 회개하고 찬송을 목청껏 부르며 마음을 다잡았다. 기도 중에 교회 재정을 자립시키지 않으면 설립자 간의 갈등이 해결되지 않을 것 같았다. 그래서 생각한 것이 서울 3개 구치소 접견실 전도 프로그램이었다.

화요일에는 영등포구치소(현 남부구치소) 접견실, 수요일에는 서울구치소 접견실, 목요일에는 성동구치소 접견실에서 우리가 세운 교회를 소개했다.

재소자 가족인 교인들과 같이 끓는 물을 준비하고 커피, 녹차 등과 감옥에서 재소자들과 하나님께 예배드리는 사진이 담긴 인쇄물을 가지고 가서 처음 면회 와서 당황하고 힘들어 하는 면회객들을 위로하며 우리가 세운 교회에 와서 위로받기를 권고했다. 다행히 사정을 아는 큰 교회에서 지원을 받아 운영을 하지만 헌금을 강조할 수도 없어 근본적인 해결 방법은 되지 못했다.

'정말 우리 빌립보교회가 출소자와 그 가족, 예수 믿는 이들의 포근한 안식처가 될 수 있게 해주십시오. 마음이 곤궁할 때 성령님의 위로를 받고 싶습니다.'라는 마음을 담아 매 시간 기도하며 간구했다.

"하늘에 계신 우리 아버지여 이름이 거룩히 여김을 받으시오며 나라에 임하오시며……우리 빌립보교회에 하나님 나라가 임하오시며, 한국 기독교 교회에 하나님 나라가 임하오시며, 온 세계 교회에 하나님 나라가 임하오시며, 이 세상 모두에 하나님 나라가 임하오시며 우리가 사는 이 세상이 하나님이 주관하시는 천국이 되게 하소서. 한마음으로 뭉쳐 오직 하늘나라만을 향할 수 있게 해주십시오."

다행히 공영방송에 사계절 공동체가 방영된 덕분인지 각종 집회에 간증 요청이 많아 사례비를 받아 공동체 운영비와 불우재소자를 돕는 교회 일을 계속할 수 있었다.

　우리 교회가 출소자나 재소자 가족에게 꼭 필요한 기도처기에 많은 어려움을 참고 기도했지만 결국 교회 설립 목적과 배치되는 일을 벌이는 목사님과 사모를 보고 마침내 나도 결별을 결심하게 되었다.

공동체 운영에만 전념

다시 공동체 운영에 전념했다. 열심히 자기 계발과 갱생에 노력하는 친구가 있는가 하면, 공동체 식구들의 눈을 피해 탈선할 궁리만 하다가 끝내 교도소로 돌아가는 친구도 있었다. 항상 부족한 공동체의 재정을 메우기 위해 지금까지 공동체 식구들과 같이 장사면 장사, 운전기사 일이면 운전기사, 노점상이면 노점상을 똑같이 하다 보니 대부분은 믿고 따라주었지만 어떤 친구는 1주마다 공개하는 후원금과 지출금 내역을 하나하나 대조하며 의심을 했다.

가끔 간증 집회나 대표 기도 요청 시 교회나 각종 모임, 신우회에서 받는 사례비 또한 후원금 명목으로 공동체 수입으로 잡았다. 어느 날 저녁, 수입과 지출을 꼼꼼히 정리하고 공동체 가족들의 건강과 하루의 무사함을 기도드리는데, 자는 줄만 알았던 평소 말이 없는 B가 술 냄새를 풍기며 사무실 겸 내 거처에 들어와 다짜고짜 돈을 내놓지 않으면 죽이겠다고 칼을 휘둘렀다. 이리저리 피하다 그가 휘두른 칼에 찔려 쓰러진 나를 밀치며 B를 제압한 다른 친구 덕분에 더 큰 사고는 막을 수 있었다. 경찰에 인계하자는 공동체 식구들을 만류하고 스스로 떠나기를 권유했고, 새벽에 울며 공동체를 떠나는 그를 배웅했다.

공동체 이름으로 지원했던 청송감호소의 친구가 좋은 성적으로 합격해 가석방된다는 연락을 받고 그를 데리러 갈 때는 뛸 듯이 기뻐 "하나님 감사합니다. 하나님 감사합니다."를 연신 중얼거렸다. 하지만 공동체 식구 하나가 흉악 범죄를 저질러 참고인 조서에 도장을 찍을 때는 "하나님 용서하십시오. 이 죄인이 부족해 그의 아픔을 헤아리지 못했습니다."라고 회개했다. 출소자 선교가 어려운 것은, 그들이 출소해 도움이 필요할 때는 순종하고 규칙도 잘 따르지만 어느 정도 자신을 추슬러 스스로 살 수 있게 되면 자신의 과거를 모르는 곳으로 홀연히 떠나 새 삶을 살기를 원하기 때문이다.

혹시 공동체 동료나 감방 동기라도 만날라치면 재빨리 피해 자신의 과거를 감추기에 급급해한다. 우리 교회가 교도소에 있는 여 재소자와 자매결연을 하고 수년간 생필품을 넣어주고 영치금도 보내 옥바라지를 해주었다. 그녀가 출소해 열심히 교회를 섬기던 중 장사를 하는 남자를 만나 결혼을 했다. 시어머니도 크리스천이어서 같이 우리 교회를 섬기게 되었는데, 어느 날부턴가 교회에 오는 그녀의 발걸음이 무거워 보였다. 기도를 시켜도 그저 형식적으로 끝을 맺고 해 참고 기다렸다.

그러던 어느 날, 그녀가 내게 "전도사님! 정말 죄송한데 아무래도 다른 교회로 옮겨야겠습니다."라며 시부모님께 자신의 수감사실이 알려질까 봐 불안해했다. 나는 그녀를 다른 교회로 가라고 했다. 나중에 목사님 허락 없이 그녀를 다른 교회로 보냈다고 목사님께 혼이 났다. 그 후 그 자매는 아이도 낳고 한 가정의 주부로 행복한 삶을 살며 다른 교회에서 집사 직분을 맡아 열심히 교회 생활도 하고 있다는 소식을 들었다. 재소자 선교가 온실 속의 꽃을 가꾸는 일이라면 출소자 선교는 그들이 옥문을 나오는 순간부터 어디로 튈지 모르는 럭비공을 골문으로 인도하는 일로, 리더 자신이 그들과 똑같이 일하고 앞에서 끌어야 하는 몹시 어려운 일이다.

자매결연자를 하늘나라로 보내고

1995년, 그동안 자매결연자로 5년여 동안 행사 때마다 특별 면회를 해 교분을 나누었던 사형수의 사형 일자가 잡혔다. 그는 면회 때마다 "내가 죽을 때는 전도사님이 꼭 입회를 해서 내 마지막을 지켜 달라."고 부탁을 해 "그러마." 하고 약속했었다. 그날이 다가온 것이다. '하나님 떨지 않고 웃으며 그를 보내게 해주십시오.'라고 기도한 후 교도소로 갔다.

집행장에는 교도소장, 검사, 목사님, 집행을 담당한 교도관 여러 명이 보였다. 하나같이 입을 꾹 다물고 집행을 기다렸다. 드디어 집행이 시작되었다. 연쇄 살인범 ○○○이 첫 번째, 여자 사형수가 두 번째 그리고 그가 세 번째로 끌려왔다. 그가 나를 보고 웃었다. 나는 그를 보지 않으려고 고개를 돌렸다.

검사의 인정 신문이 끝나고 하나님께 그의 영혼을 부탁드리는 기도를 해야 하는데, 입이 떨어지지 않았다. 눈치를 챘는지 그가 웃으며 "전도사님, 먼저 가서 기다릴 테니 좋은 일 많이 하시고 훗날 만납시다. 웃으며 기도해 주십시오." 한다. 기도 중에 울음이 터져 기도를 다 마치지도 못했는데, 그는 담담히 찬송을 하며 하늘나라로 떠나갔다.

사고로 맞이하는 죽음, 노환으로 맞이하는 병사 등 다른 죽음은 많이 봐 왔지만 이렇게 법률에 의해 다른 이에게 맡겨지는 죽음은 처음 겪는다.

'당신은 이렇게 웃으며 찬송하며 가는데 나의 마지막은……'

힘들 때는 마지막 떠날 때의 그가 생각나 회개하고 또 회개했지만 아둔한 나는 그날을 잊어버리고 세상 욕심대로 산 삶이 후회되고 또 후회된다.

언젠가는 내게 닥칠 죽음을 나는 기쁘게 찬송하며 맞이할 수 있을까?

건강이 나빠져 마지막을 그려보며 어떻게 잘 마무리를 해야 하나 오늘도 기도한다.

강동구 상일동으로 공동체 이전

1994년, 전북 무주 산골 작은 교회의 여 목사님이 출소자 선교를 하신다고 해 다녀온 적이 있다. 교회 성도가 30여 명이 전부로, 목사님, 여동생, 딸 이렇게 여자 3명이 거주하는 사택에 출소자를 거주시킨다는 것은 위험천만해 보였다.

"목사님 위험합니다. 잘못되면 교회도 흔들릴 수 있습니다."

"일 년의 기도 끝에 응답을 받아 시작했습니다. 전도사님이 기도 많이 해주십시오."

"맞습니다. 누군가는 하나님의 영광을 위해 꼭 해야 하는 일입니다. 하지만 목사님은 아닌 것 같아 걱정됩니다."

기도해 드리고 올라온 그 이튿날부터 전화통에 불이 났다.

"전도사님 이럴 땐 어떻게 해요? 일자리를 구한다고 나갔다가 만취해서 돌아와 횡설수설해요."

"전도사님이 그렇게 하면 안 된다고 하셨어야죠! 하루라도 빨리 해체할 방법을 찾아보세요."

해체를 위해 한 달여의 노력을 했지만 출소자들이 떠나지 않고 버티자 "전도사님 어떻게 해요?"라는 연락을 해왔다. 결국은 내가 내려가서 목사님이 마련한 100만 원씩을 나누어 주고 그들을 퇴거시켰다.

1980년대 중반부터 1990년대 초반, 서울 경인 지역의 교회나 사찰, 뜻이 있는 분들이 자신이 꼭 해야 할 일이라며 우후죽순 탄생시킨 출소자 공동체가 200여 개소가 넘었다. 교회 사찰실에, 주지 스님이 기거하는 명상실에, 교회도 없는 목사님은 월세방을 얻어 두세 명의 출소자를 모아놓고 외부에 출소자 선교를 한다고 광고하는 분도 보았다. 대개는 먹여주고 재워주고 취업을 알선해 주면 출소자 선교의 완성이라고 생각한다.

하지만 이 정도의 출소자 관리는, 아니 이보다 더 세밀한 것까지 챙기는 사업은 정부 기관에서 하고 있다. 과거에는 법무부 산하 갱생보호소에서 이 일을 맡아 했었는데, 지금은 공사화되어 법무보호복지공단 각 도, 시 지부에서 의식주 외에 학원 교육, 종교 상담 등 사회 적응에 필요한 각종 서비스를 제공하고 있다. 각 소마다 전문교육을 받은 사회복지사가 있고 종교기관과 연계되어 있는 최적의 사회 적응기관이다. 개인이나 교회, 사찰에서 만든 출소자 공동체는 1990년 초·중반에 거의 문을 닫고 이제는 몇 군데만 남아 있는 것으로 알고 있다.

내가 이 책에 출소자 복지 서비스를 소개하는 것은 막연히 출소해서 갈 곳이 없는 혈혈단신이라 배가 고파 도둑질을 하는 친구들도 있지만 죄책감 때문에 가족들에게 돌아갈 수 없는 친구들이 미리 앞날을 걱정하다 출소 후 얼마 가지 못해 범죄에 빠져 다시 교도소에 오는 악순환을 조금은 막을 수 있지 않을까 하는 바람에서다.

1990년대 중반, TV 방송인 '이것이 인생이다'라는 프로그램에 우리 공동체가 방영된 적이 있었다. 이후 한동안은 공공기관, 대학 신우회, 대기업 기독신우회에서 한 달에 50여 차례나 행사에 초청받았다. 처음에는 정말 구원해 주신 하나님의 은혜가 고마워서 겸손한 마음으로 '이 죄인의 입을 지켜주셔서 이 입에서 나오는 말로 인해 하나님을 욕보이지 않게 해주십시오.'라고 기도했지만 회가 거듭될수록 나를 내세우다 하나님의 호된 매를 맞고 간증을 중단했다.

1996년, 그동안 정말 감사하게 우리 공동체가 편안하게 기거하며 생활했던 다가구 주택을 헐고, 건물을 지을 때가 되어 다른 곳으로 이사를 해야 했다. 또 이 많은 식구들이 어디로 간단 말인가?

'하나님 우리가 갈 곳이 어디입니까? 어디에 준비해 두셨습니까?'

기막히게도 문정동에서 잠실운동장을 지나 한강으로 나가는 하천에 산책로 공사를 했는데 그때 건설회사 사무실과 인부 숙소로 사용하던 건물이 지금 동부구치소 옆 뚝방에 있었다. 송파

구청에 근무하는 집사님께서 얼마간은 사용할 수 있다고 알려주셔서 무작정 구청장님을 찾아가 허락을 받아 이사를 했다.

이사하던 날, 집주인 장로님께서 미안해하시면서 매월 100만 원씩을 후원해 주신다고 약속을 하고 새집에서 쓸 냉장고 등 가전제품 천만 원어치를 사주셨다.

그날 저녁, 한자리에 모인 우리는 "여러 가지 도움을 주신 분들께 지금은 갚을 능력이 없으니 하나님이 대신 갚아주세요. 훗날 주님의 이름으로 꼭 정말 갚겠습니다."라고 기도한 후 하루하루 더 열심히 살자고 약속했다.

이곳 문정동 뚝방에서 6개월을 살다 강동구 상일동 산 46번지, 47번지로 이사했다. 그곳에서 국유지 540평을 임대받아 비닐하우스 5개 동을 지었다. 한 동에는 10개의 방과 식당, 화장실, 목욕실 등 편의시설을 만들어 생활하고, 네 개 동에는 각종 꽃과 행운목, 고무나무, 실내용 야자나무 등을 심어 서초동 법원 앞 변호사 사무실에 한 달에 두 번씩 화초 등을 교환해 주는 임대업을 했다.

축하해 줄 일도 있었다.

출소해 4년여 동안 하나님 안에서 열심히 살아온 승○에게 남은 삶을 주님 안에서 같이할 반려자가 생겼다.

승○에게는 가족이 없었다.

"전도사님, 나는 전도사님을 평생 형님으로 모시고 같이 살 겁니다."

"그래, 고맙다."

이때 한 약속이 올무가 되어 승○의 결혼준비는 오롯이 내 몫이 되었다.

예식은 교회에서 하고 신부가 준비할 살림살이는 지인 목사님께 부탁드렸다. 목사님은 냉장고, 장로님은 TV, 집사님은 전기밥솥 등 청구서를 내밀 듯이 사달라고 했다. 어디서 그런 뻔뻔함이 나오는지 지금 생각해도 정말 막무가내도 그런 막무가내가 없었다.

승○는 지금 장안평 중고차 매매 시장에서 중고차 판매 매니저를 하며 아내와 두 자녀와 함께 잘 살고 있다.

상일동을 떠나 수원으로 이사할 때 살수차 사업을 하는 화영을 소개해 준 사람이 승○다. 이처럼 공동체 졸업생 승○가 공동체를 돕고, 공동체에서 신학을 하고 지방에서 '쉬어가는 교회'를 세워 봉사하는 여섯 번째 오네시모 윤재호 목사는 개척교회라서 자신도 어려울 텐데 철마다 특산물을 챙겨 후배들을 격려하고 있다.

우리 공동체가 임대한 토지는 그린벨트 내에 있는 공원 예정지였다. 주위의 무허가 판잣집 여러 채에 50여 명의 주민이 살고 있었다. 주민등록을 이전하려고 동사무소(현 행정복지센터)에 가니 그 번지로는 이전할 수 없었다. 그때까지 그곳에 사는 주민들은 타지에 사는 지인들 집에 주민등록을 해놓고 이곳에서 살고 있었다. 다행히 학교에 다니는 어린 자녀들이 없는 노인들이 대부분이라서 그런대로 사신 모양인데 여간 불편한 일이 아니었다. 서울 시내에 있는 다른 무허가 거주지 상황을 파악해 보니 주민등록을 하고 사는 구가 있고, 지자체장의 거부로 우리 공동체같이 주소를 옮기지 못하고 편법으로 사는 곳도 있었다. 주민등록을 하고 합법적으로 사는 대표적인 곳이 강남구 개포동 구룡마을이었다. 그곳은 박정희 정부 시절에 남대문 시장 등지에서 폐지나 고물을 수거해 파는 분들, 집이 없어 노숙하는 사람들을 정착시키기 위해 임시로 마련해 준 곳이었고, 그 당시 200여 가구에 500여 명의 주민이 살고 있었다. 그곳 중심에 있는 교회 목사님께 여쭤보니 몇 년 전까지는 그곳도 주민등록을 거부당해 길 건너 개포 주공아파트 지인 집에 주민등록을 해놓고 살다 보니 가슴 아픈 일이 많았단다. 아파트에 사는 아이들과 판자촌에 사는 아이들이 한 초등학교에 다니다 보니 아파트에 사는 부모들이 판자촌에 사는 아이들과 놀지 말라고 경계했고, 특히 얼마 전에 서울에서 제일 비싼 최고급 최고층 아파트가 근처에 생겨 위화감이 더 커졌다고 한다. 어쨌든 교회를 중심으로 몇 년간의 법정 싸움 끝에 살고 있던 주민 모두가 주민등록을 하게 되었다. 실제 거주를 확인한 후 구에 정식으로 다른 지자체의 현황을 첨부해 주민등록 등재를 신청하여 합법적으로 살 수 있게 되었다.

공동체 해체 위기

2009년, 우리 작업장이 있고 숙소가 있는 토지에 공원이 조성된다며 자진 퇴거를 요구해 왔다. 큰돈을 들여 지은 네 동의 비닐하우스 안에 있는 식물들, 한 동에 있는 주거시설에서 쫓겨나면 12명의 우리 공동체 가족들을 데리고 어디로 간단 말인가?

'하나님! 주님이 인도하시는 대로 지금까지 청량리 쪽방촌, 삼양동 빨래골, 답십리 뚝방촌, 강동구 판잣집까지 왔는데, 이제는 또 어디로 가야 합니까? 하나님 다음 우리가 갈 곳을 인도해 주십시오.'라고 기도를 드렸다.

총 인원이 모여 회의를 한 끝에 하남시로 이사해 계속 원예 사업을 하기로 의견이 모아졌다. 구청과 보상협의가 시작되고, 시설물에 대한 지장물 조사와 주민등록이 되어 있는 개인에게 지급되는 주거 이전비, 이주 정착금이 확정되었다.

2010년, 내 나이 61살 환갑이다.

어쩌다 시작하게 된 공동체 교회 일이 어언 23년째다. 처음 생각은 내게 새로운 삶을 살게 해주신 하나님의 은혜가 고마워 꼭 한 사람은 하나님께 인도해 그도 새 삶을 살 수 있게 해주는 것이 목표였는데, 23년 동안 180여 명이 공동체를 다녀갔다. 그중 몇 명이 하나님의 은혜로 참 주님의 자녀로 사는지는 모른다.

20여 명 정도는 고향에서 교회의 집사님으로, 또 신학을 해서 목회자가 되어 교회를 개척한 이들도 있다.

공동체가 수원으로 떠나게 됐을 때 공동체를 해체하고 내 노후를 준비해야겠다고 생각했다. 정년퇴직을 생각한 것이다.

1986년, 청송을 나설 때 61살이 되는 2010년을 은퇴시기로 삼았었다. 2000년 이후 후임자를 찾으려고 후원회 등 여러 곳에 추천을 요청했는데, 대부분 목사님들께서는 일반 목회 정도로 생각하고 찾아왔다가 같이 일하고 같이 생활하며 특히 사례비가 없다는 얘기를 듣고는 뒤도 돌아보지 않고 돌아갔다. 리더의 공동체 운영 방식에 따라 출소자들이 새로운 삶을 사느냐, 과거보다 더 나쁜 삶을 살게 되느냐가 결정되기에 섣불리 후임을 정할수 없었다.

하지만 주거 이전비를 받은 12명 중 떠나지 않고 남아 있던 민○, 경○, 종○, 영○도 나와 함께 떠나기를 원했다. 일 년만 더 붙잡아 달란다.

그들은 각각 보상으로 받은 천여만 원이 평생 처음 만져보는 큰돈이므로 이 돈으로 2천만 원, 3천만 원을 만들고, 더 나아가 1억원을 만들어 집을 사고 결혼을 해 보통 사람들처럼 사는 것은 남얘기 같아 생각조차 해본 적이 없단다.

이제 비로소 새로운 삶을 알게 되고 걸음마를 떼기 시작했는데, 공동체를 떠나면 이 돈을 금방 써버리고 또 감옥에 갈지도 모르니 제발 데려가 달라고 한다. 가만히 생각해 보니 그럴 수도 있을 것 같았다. 그들에게 천만 원은 있는 사람들의 10억보다 더 큰 돈일지도 모른다. 게다가 돈 쓰는 법도 몰라 옷 사 입고, 술 마시고, 경마장 가고 하면서 제 기분에 취해 주머니에 100만 원이 남을 때까지 천만 원이 있는 것으로 착각할 수도 있다.

나는 공동체를 운영하며 다음과 같은 규칙을 정했었다.

첫째, 100만 원을 모을 때까지 매일매일 저금하기

둘째, 통장에 100만 원을 모으면 축하해 주고 5만 원짜리 생필품 선물하기

셋째, 500만 원을 모으면 공동체 모두 앞에서 축하해 주고 외식시켜 주기

넷째, 천만 원을 모으면 그동안의 어려움을 발표하고 목표와 앞으로의 계획 말하기, 100만 원 포상하기

그동안 많은 출소자들과 생활하며 얻은 경험에 따르면 300~500만 원까지가 그들이 노력해서 모아본 돈의 한계라는 것을 알게 되었다.

2개월, 3개월이 걸려 500만 원을 힘들게 모으면 천만 원은 자기가 언제 모을지 모르는 엄청난 금액으로 느낀다. 그래서 스스로 먹고 싶은 것을 참고, 입고 싶은 좋은 옷을 사지 않고 6개월,

일 년이 걸려 천만 원을 모으면 스스로도 깜짝 놀라 대견해한다.

그런 사람을 모두 앞에 세워 발표하게 해 그간의 어려움을 들으며 '나도 천만 원을 모을 수 있다. 이대로만 해가면 2천만 원, 3천만 원, 1억도 모을 수 있다. 나도 집도 사고 장가도 가서 잘 살 수 있다.'라고 마음을 다잡는 기회를 만들어 주려고 노력했다.

천만 원을 모아본 사람은 그때부터 돈 모으는 재미와 통장 보는 재미에 푹 빠진다.

공동체 리더는 그들이 나도 할 수 있다는 변화된 생각을 가질 기회를 주는 것이 중요하다.

이렇게 끈기와 인내로 천만 원을 모아본 경험이 평생 처음 느껴본 새로운 삶의 희망이 되어 잘 살아간다.

입주 6개월이 고비다. 사고 치는 친구들을 보면 대개 2개월, 3개월을 참지 못한다.

리더는 6개월까지 특별히 관찰하고 이상 행동이 보이면 경험담을 얘기해 주고 설득하고 열심히 생활하는 1년차, 2년차와 한 방을 사용하게 한다.

그래서 자연스럽게 그들의 경험을 답습할 수 있게 한다.

수원에서까지 30년 사계절 공동체를 다녀간 총 인원 216명 중 어느 정도는 지금도 주님 안에서 가정을 건사하며 잘 살고 있다고 알고 있다.

출소자들 대부분은 출소하는 날, 가족이나 친지들이 교도소 정문을 나오는 출소자들에게 두부를 한 움큼 떼어 먹이고 데리고 간다. 초범, 재범 때의 얘기다. 3범, 4범이 되면 가족이나 친지들도 아예 외면을 한다.

이들은 정말 갈 곳이 없다.

추운 겨울 잠잘 곳이 없어 방황하다 빵을 훔쳐 먹고 감옥에 가는 안타까움을 예방하기 위해 만든 제도가 법무부 산하 갱생보호소 제도다. 지금은 공사화되어 법무보호복지공단 각 도, 시 지부 체제로 운영되고 있다.

숙소도 훌륭하고 전문 인력도 확보되어 여러 측면에서 출소자들에게는 최상의 사회 복귀 준비를 위한 기관이다.

그런데 이런 좋은 기관을 기피하는 출소자들이 있다.

아쉬운 점은 규율이 엄격하고 규칙이 일률적이고 가정다운 면이 적다는 것이다.

쉽게 말하면 실수나 잘못이 허용되지 않고, 아침저녁 점호에 꼭 참석해야 하고, 마음속의 응어리를 쉽게 털어 놓을 수 없는 분위기라는 것이다.

그곳에 근무하는 직원들의 성향에 따라 차이는 있겠지만 대체로 우리 사계절 공동체와는 다르다. 같은 과거가 있고 같은 과정을 거쳐 형 같은 마음으로 생활하는 내게는 스스럼없이 힘든 상황을 어떻게 이겨냈는지 묻기도 하고, 때로는 심한 꾸지람이나 질책을 해도 크게 노여워하지 않는다.

언젠가 다른 출소자 자립기관은 10퍼센트 미만의 자립 성공률을 얻기도 힘들다는 통계를 본 적이 있다.

처음에 나는 사계절 공동체의 자립 성공률을 20퍼센트로 정했었다.

졸업생들을 일일이 찾아다니며 자립했는지의 여부를 확인하지는 않았으나 어디에 있든 그들의 삶이 평안하길 기도한다.

새 둥지에서 운수업 시작

2011년, 잔류한 4명과 함께 수원으로 거처를 옮기고 시작한 사업이 살수차 운수업이다. 이 사업이 출소자들에게 꼭 필요하다는 설명을 듣고, 일 년 동안 실제로 내가 현장을 다니며 작업을 했다.

전날 저녁, 작업 의뢰를 받으면 그 이튿날 새벽 5시에 일어나 작업장 근처 저수지나 냇가에서 15톤 물탱크에 물을 담아서 7시까지 작업 현장으로 간다.

공사 현장의 미세한 흙먼지가 주민들의 터전으로 날아가는 것을 방지하기 위해 도로 물청소를 해주면 하루 사용료로 50만 원을 받는다. 큰돈이다. 요즘 강원 산불로 온 국민의 근심이 크다. 소방차가 분주히 불을 끌 때 꼭 필요한 것이 살수차다.

소방차가 산속에서 불을 끌 때 살수차는 저수지를 오가며 물을 떠날라 소방차에 부어준다.

이외에도 봄 가뭄이 심할 때 모내기한 논이 말라 모가 타들어 갈 때도 물을 퍼다 논에 부어 모를 살린다. 열심히만 하면 단시간에 돈을 모아 자립할 수 있다.

처음 살수차 2대를 사서 3명의 출소자에게 일을 시켰다. 이틀 일하고 하루 쉬었다. 수입에서 비용을 빼고 남은 돈은 3명에게 똑같이 나누어 주고, 그 돈의 80퍼센트는 저축을 하게 했다. 빨리 살수차 한 대씩 사주고 독립시켜 공동체에서 졸업시키고 나도 이 짐을 벗고 싶었다.

푸른 죄수복을 입은
회장님의 출소자 공동체 설립 제의

2012년 10월, 경인 지역 교도소 행사에 간간이 초청을 받아 참석했다. 대한민국 굴지의 돈 많은 회장님께서 어느 구치소에 계신데, 옆방의 어느 미결수가 출소 한 달 만에 갈 곳이 없어 배고픔에 재범을 하고 또다시 구치소에 들어왔다는 것을 아셨던 모양이다.

한 집사님으로부터 "2범, 3범의 누범자들이 재활 갱생할 수 있는 기업을 만든다고 하는데, 이 전도사는 경험자니까 추천해 줄 테니 참여해 보라."는 권유를 받았다. 정말 하나님의 뜻대로 잘 만들어 그곳에서 출소자들이 주인의식을 가지고 자율적으로 운영되면 많은 출소자가 그 기업을 통해 새사람, 새 기독교인이 되어 하나님이 기뻐하시는 그야말로 좋은 사회적 기업이 될 것이다. 하지만 자칫 설립 목적이 변질되어 공동체가 이상한 방향으로 운영되면 출소자들에게 재범의 빌미를 제공하는 역효과를 경험한 나는 참여를 거절했다.

2000년대 초, 독지가 한 분이 우리 공동체가 정말 하나님 안에서 귀한 일을 한다고 아낌없이 후원을 해주시겠다며 각종 공과금은 물론, 공동체 식구들에게 쾌적한 환경을 제공해 주시겠다고 해서 회장님으로 모셨던 적이 있었다.

하지만 얼마 지나지 않아 불미스러운 일 때문에 승○, 영○, 종○가 "가난해도 우리끼리 삽시다. 전도사님이 너무 힘드시면 우리도 보태겠습니다."라고 불만을 터트렸다.

그분은 사회나 교회가 이들을 도와야 한다며 우리 공동체 식구들을 대중 앞에 내세우는 일이 잦았다. 처음에는 시키는 대로 대중 앞에서 "열심히 살겠습니다. 도와주셔서 감사합니다." 했는데 그들은 죽기보다 싫단다.

이 일 때문에 나도 심한 갈등을 겪었고, 우리 식구들도 큰 상처를 받았었다.

그래서 굴지의 돈 많은 회장님의 참여 제안을 거절한 것이다.

훗날 출소자 공동체 설립에 참여하게 되었을 때도 공동체 식구들은 살수차 일을 계속하게 했다. 회장님의 지원으로 만든 공동체가 출소자들이 바라는 공동체가 되었을 때 참여시킬 생각에서였다.

2013년 3월, 그 회장님이 재소자로 있는 구치소 부활절 예배에 초청을 받아 참석했다. 외빈석에서 보니 다른 재소자들이 모두 교회당에 착석한 후 맨 마지막 뒷자리에 그 회장님이 들어와 앉고 예배가 시작되었다. 내가 교도소 집회가 있을 때마다 공동체 일이 바빠도 참석하는 가장 큰 이유는, 때때로 공동체 리더로서 흐트러지는 믿음을 다잡는 특효약을 얻을 수 있는 유일한 집회 기 때문이다. 그날도 많은 '믿음의 보약집회'를 통해 얻은 초심 으로 남은 식구들을 위해 협력하리라 다짐하며 구치소를 나오는 데, 전에 참여를 권유하던 집사님이 생각해 보셨느냐며 다시 참 여를 권유했다.

얼마 후 그 집사님과 같이 공동체 설립 준비 모임이 있다 해서 그 회사 문화재단 사무실에 가보니 많은 사람이 모여 회의를 하 고 있었다. 그 회사 소속 간부급 임원이 회의를 주도했다. 참석한 분들의 면면을 보니 교정 선교에 일가견이 있다는 목사님이 재 소자들과 주고받은 편지 몇 장을 들고 이들이 이렇게 믿음 생활 을 하며 출소하면 열심히 일해서 가족을 위해 봉사하겠다고 다 짐하고 나오지만 정작 일할 곳이 없어서 자립 갱생을 못하고 재 범을 한다고 했다. 아주 틀린 말은 아니다. 그러나 이것만 가지고 는 출소자들의 갱생 교화를 기대하기는 낙제 점수다. 일자리를 찾는 방법, 일터에서 같이 일하는 선배들과 어울려 일하는 처세, 열심히 일해서 받는 월급을 꼭 쓸 때만 쓰고 열심히 모아 방도 얻고 결혼도 하는 평범한 다른 사람들이 사는 방법을 그들과 같 이 살면서 그들 앞에서 모범을 보여야 하는데, 재소자들이 보낸 편지 몇 장 들고 와서 재소자 선교의 증거인 양 자랑하는 목사님 의 사고는 위험하다.

이런 사고로 시작한 출소자 공동체를 해체할 경우 대개 그 원인이 출소자들의 탈선과 범죄 때문이라고 광고하는 말들을 한다. 그러나 나는 이 책을 통해 종교인들께 '당신들께서 그들의 탈선과 범죄를 막으려고 어떤 노력을 하셨는지'를 묻고 싶다. 최소한 출소자 한 사람을 내 자식은 아니더라도 사촌 동생 정도만큼만이라도 생각하고 그들을 대했다면 아마도 지금 재범을 저지른 이들의 반 이상은 좋은 하나님의 자녀로 인도되어 평범한 사회인이 되지 않았을까 생각한다.

만일 회장님의 자금을 지원받아 출소자 공동체를 설립한다면 지금까지 내가 설립한 공동체와는 차원이 다른 훌륭한 공동체가 되겠지만 참여하려는 사람들이 너무 많아 서로 주도권 다툼이 치열할 것이다. 과거 그런 틈바구니에서 큰 상처를 입어 한동안 방황했고, 그렇게 만들어진 공동체는 1년을 채 버티지 못하고 해체되어 그곳에 있던 출소자들이 뿔뿔이 흩어져 어려움을 겪었었다. 차라리 안 보는 것이 약이라 생각한 나는 외면하기로 했다.

그리고 한 달 후 그 구치소 집회에 초청을 받았다. 가지 말아야지 했는데, 기도해 달란다. 가서 또 출소자 공동체 설립 참여를 권유하면 딱 부러지게 거절하겠다고 마음을 굳게 먹었다. 예배가 끝나 나오려는데, 그 회장님을 만나서 직접 거절하라고 하기에 회의실에서 회장님을 만났다.

푸른 죄수복에 징역 비닐 가방을 들고 교도관을 따라 회의실에 들어온 그분을 본 순간 대한민국 굴지의 회장님이라기보다 그저 다른 일반 수형자와 같은 모습이었다.

회장님은 내 두 손을 잡더니 "전도사님이 지금까지 해오신 일이 아닙니까! 꼭 좀 만들어 주십시오. 제가 최대한 지원을 하겠습니다."라고 한다.

"그보다 이곳은 건강한 사람들도 견디기 힘든 곳이니 우선 건강을 잘 챙기세요. 공동체 문제는 추후 생각해 보고 기독신우회 회장님이나 관계자를 통해 연락드리겠습니다."

그 후 회장님이 특별히 힘을 실어주지 않는 한 서로 측근이라며 주도권 싸움을 벌이면 혼란스러운 싸움터가 될 것이 분명하기에 거듭 참여 거부 의사를 밝혔다. 며칠 후 임원급 인사와 몇 사람이 회장님의 뜻이라며 찾아왔다. 2012년 5월부터 공동체 설립 프로젝트를 맡아 추진했던 사회적 기업 팀장과 팀원들은 만일 이번에도 공동체를 만들지 못하면 회사를 떠나야 한다고 했다.

"2012년 말에 이미 사직서를 제출한 상태에서 이번이 마지노선이라며 꼭 전도사님이 구상한 대로 공동체가 만들어지도록 최선을 다해 도울 테니 책임을 맡아 주십시오."

그래서 마침내 공동체 설립 프로젝트를 맡게 되었다.

자문 계약서

재단법인 행복나눔재단(이하 "갑"이라 함)과 이수영(이하 "을"이라 함)은 다음과 같이 자문계약을 체결한다.

제1조 (계약의 성립)

"갑"은 "을"을 기독교 출소자 공동체 자문위원으로 위촉하고, 기독교 공동체 사회적 기업 설립 및 운영 준비, 출소자 관리 및 재사회 프로그램 운영 방안 수립, 공동체 구성원 모집 및 선발 등에 관한 사무를 위임하고, "을"은 이를 신의와 성실로 공정하게 수행할 것을 승낙함으로써 본 계약은 성립한다.

제2조 (자문서비스의 범위)

"을"이 "갑"에게 제공하는 자문서비스의 범위는 다음과 같다.
① 출소자 구성원 후보군 발굴 및 공동체 입주 권유(10명 내외)
② 출소자 재사회화 프로그램 기획
③ 기독교 공동체 입지 선정, 시설 구축 등 인프라 조성
④ 사회적 기업 사업(행복도시락) 실행 준비(시설 및 설비 구축, 사전 교육 등)

제3조 (자문보수)

① "을"은 "갑"에게 자문보수로 ₩8,500,000원을 청구하기로 한다. "갑"은 "을"에게 청구일이 속한 달의 말일까지 위 자문보수를 다음의 지정계좌로 지불키로 한다.

- 자문보수 입금계좌 : 우체국 013961-02-084153

제4조 (권리의 귀속)

"을"이 본 계약에서 정한 자문활동과 관련하여 "갑"에게 구두 또는 서면으로 제공한 자문 결과, 토론을 위해 작성한 자료, 관련 보고서 및 기타 문서, 각종 형태의 자료 등에 관한 일체의 권리는 "갑"에게 귀속된다.

제5조 (자료제공)

"갑"은 "을"이 위임사무를 처리하는 데 필요한 자료에 적극 협력하여야 하며, "을"은 "갑"이 제시한 자료의 범위 내에서 책임진다.

제6조 (비밀엄수)

"을"은 본 계약기간 중 또는 계약기간 만료 후라도 업무와 관련된 "갑"의 비밀을 정당한 이유 없이 타인에게 누설하지 않는다.

제7조 (계약기간)

본 계약은 2014년 3월 24일부터 2014년 4월 30일까지 36일로 한다.

제8조 (손해배상)

① 일방당사자의 계약위반으로 인하여 상대방에게 손해가 발생한 경우 귀책 당사자는 이를 배상하여야 한다.

상기 사항을 증명하기 위하여 본 계약서를 2부 작성하여 각 1부씩 보관한다.

"갑"사업체명 : 재단법인 행복나눔재단

소재처 : 서울시 용산구

대표자 : 최 기 원 (인)

전화 :

담당 : ○○○ 매니저

"을"사업자명 : 이 수 영 (인)

주소 : 서울시 종로구 세종대로 23길 47

주민번호 :

2013. 03. 23.

출소자 공동체 설립 추진

　2013년 5월, 문화재단 이사장과 자문 계약서에 도장을 찍고 법인설립과 출소자들이 작업할 공장 임대, 숙소로 쓸 건물 매입 등 한 달이 쏜살같이 지나갔다. 내가 절약의 모범이 되어야 성원 모두가 훗날 공동체에 빚이 되는 돈을 줄일 수 있게 이끌 수 있을 것 같아 공동체가 정상 가동될 때까지 월급은 받지 않고 업무 추진비 200만 원을 받아 차량 연료비, 손님 접대비 등으로 사용했다. 6~7명의 이사 선출 때 추천 과정에서 서로 자기편을 이사로 세우려고 아웅다웅하더니 숙소 매입 후 리모델링, 공장 주방공사 등 공사비에 1.5배나 되는 청구서를 들이밀며 결제를 하라고 했다.

　출소자 공동체 설립에 필요한 돈은 문화재단이 대출해 주고 공동체 법인에 근저당을 설정해 출소자 공동체가 빌린 돈을 모두 갚아야 온전히 공동체 식구들의 재산이 되는데, 구멍만 보이면 단가를 부풀려 돈을 빼갔다. '고발이라도 해야지.' 하다가 '이럴 바에야 차라리 내가 그만두자.' 했다. 모두 돈을 보고 미쳐 돌아가니 나 혼자 막기엔 역부족이다.

이수영 전도사님께

안녕하세요? 요즈음 무척 바쁘실 것으로 사료됩니다.

저는 이사 와서 2주가 되니까 시간도 나고 여유가 좀 생기네요.

워낙 적응력이 좋아서 무엇보다 주님이 함께하신다는 믿음으로 이곳에서 지내는 것도 별로 어렵지 않습니다.

주님이 두려움을 물리쳐 주시고 평강을 주시니, 이제는 여유가 생겨서 찬송이 저절로 나오네요.

그동안 보내주신 편지로 인해 이 전도사님의 Story를 어느 정도 알게 되었습니다. 간략히 제가 왜 출소자와 사회적 기업을 연결시켰고, 무슨 희망을 가지고 있는지 말씀드리지요.

예수님을 영접한 2013년 2~3월경에 성경을 읽고, 차 전도사의 '함께 가는 세상' 얘기를 들으며 당시 제가 계속해 오던 '사회적 기업' 실험(여러 가지 형태로 사회적 기업을 함)을 결합하게 되었습니다. 사도행전에 나오는 초기 교회 공동체는 신앙 공동체만이 아니라 경제 공동체로도 존재합니다. 그 모습이 정확히 어떤 것인지는 불분명하지만 그런 모습이 비신자에게도 좋게(행복하게) 비쳐지고, 그래서 많은 사람들이 교회 공동체로 찾아옵니다. 복음 전파지요. 요즘은 반쪽짜리 교회를 만들고 복음을 전파한다고 애들을 쓰고 있지만 많은 교회의 모습과 교인들에게서 행복한 하나님의 향기를 찾을 수가 없으니, 아무리 복음을 외쳐도 공허한 메아리가 되기 십상입니다. 그래서 복음 대신에 다른 것으로 사람을 유혹해 보기도 하는 것 같습니다. 기복 신앙, 훌륭한 건물, 교회 내의 인맥 등등. 그래서 초기 교회의 모습으로 돌아갈 수는 없을까 고민해 보다가 이미 각기 경제적 활동을 하는 사람들을 모아서 신앙+경제 공동체를 만들기는 어려우니, 사회적 가치도 추구할 겸 출소자들을 신앙 훈련시키고 사회적 기업으로 묶어주면 되지 않을까 생각했습니다. 그러면 강력한 결집력으로 기업의 경제적 활동을 통해 떳떳하게 사회에 가치 있는 일을 하면서 신앙적으로도 단단한 공동체가 된다면 그 모습이 말이 필요 없는 복음, 즉 출소자들에게는 갱생을 할 수 있는 귀감이 될 수 있다고 확신했습니다.

우여곡절 끝에 지금의 모습인 출소 공동체 사업으로 출생합니다.

하지만 가장 중요한 것은 하나님을 바라보는 공동체고, 그 자체로 작은 교회라고 생각합니다. 제가 참여를 더 했으면 좋겠지만 지금은 이 전도사님이 전적으로 끌고 가셔야 하겠네요. 잘 부탁드립니다. 도움 필요한 일이 있으면 연락주세요.

주님의 은혜에 감사하며,

전도사님께 주님의 은총을 기도합니다.

5월 31일 의정부
최태원

재단 측과의 이해 충돌

2013년 8월, 재단 사무실에서 총괄본부장을 만나 사의를 전달하고 집으로 왔다. 제일 먼저 문화재단 사회적 기업 팀장이 찾아왔다.

"과거 학생 시절에 하나님을 열심히 섬겨 대학생 선교회 회장을 했는데, 교회에서 충격적인 일을 겪고 교회와 절연했습니다. 그러다 전도사님을 보고 다시 교회에 나가기로 했습니다. 재고해 주십시오. 여기서 중단하시면 우리 팀원 모두 회사를 떠나야 합니다."

또 다른 축인 교도관 목사는 울면서 "다시는 싸우지 않겠습니다. 지금 여기서 전도사님이 손을 떼시면 출소자 공동체 설립 자체를 덮겠다고 합니다."라고 만류했다.

훗날 많은 출소자에게 상처를 주지 않아야 한다는 생각과 이 프로젝트에 10여 명의 팀원이 2012년 5월부터 매달려 이제 겨우 출소자들의 숙소로 쓸 건물계약과 공장 임대계약, 법인설립 신청서 등을 제출한 상태인데……. 며칠을 고민하며 기도드린 끝에 사의를 철회했다.

재단 관계자는 처음 미팅 때부터 최소한 80퍼센트 이상의 출소자들이 공동체를 통해 정상적인 사회 복귀를 기대하고 주문을 했었다. 하지만 나는 20퍼센트만이라도 정상적인 사회인으로 복귀시킬 수 있다면 그것도 큰 성공이라고 반박했다.

대기업에서 어렵고 힘든 출소자 자립 갱생 사업에 참여하는 것은 분명 획기적인 일이다. 바라는 것은 출소자들이 하고 싶어 하는 업종이고, 또 그들이 열심히 하면 머지않아 가장으로서 새로운 삶을 살 수 있다는 희망을 가질 수 있는 업종이 뭘까 고민하다 선택한 것이 '살수차 사업'이다.

1년 동안 250만 원의 월급을 주고 그중 100만 원은 무조건 예치, 예치금이 천이백만 원이 되면 그 돈으로 중고차를 매입해 사업자 등록을 해주고 독립시키면 최단 기간에 개인 사업자가 된다. 이 일은 개인의 능력에 따라 월 소득 5백만 원에서 7~8백만 원의 고소득을 올릴 수 있으므로 출소자들이 제일 선호하는 직종이다. 1차 살수차 사업을 제안했지만 무시를 당했고, 우선 도시락 사업을 하자고 했다. 도시락 사업에는 출소자들이 참여할 수 있는 일이 많지 않아 반대했지만 이미 내 의견은 중요치 않게 되었다. 호랑이 등에 올라탄 나는 법인허가가 나고 건물 리모델링이 끝날 날을 고대하며 그때까지만 참고 견디기로 하고 일을 계속했다.

행복 도시락 사업 Feasibility Check(사업성 검토) 진행 현황

2014. 03. 07.

1. 후보 입지 : 경기도 이천

※ 결식아동 규모가 크고, 도농형으로 인구 밀집도가 낮아 상대적으로 전자급식카드나 일반 음식점형 적용이 어려운 지역임

※ ○○ 하이닉스를 통해 고정적 유료 사업 수요처를 확보하기 쉽고, ○○ 그룹에 대한 지역 내 우호적 Reputation(평판)이 구축되어 있어 공공 급식 시장 진입이 상대적으로 유리할 것으로 판단됨

2. 경기도 이천시 공공 급식 시장 규모

1) 주·부식 물품 배송(아동)

- 1식 4,500원 상당의 주·부식 물품(식자재)으로 월 1회 배송
- 대상자 : 940명
- 추정 식수 : 연간 145식/인

※ 학기 중 토요일과 공휴일 1식(중식), 방학 중 전일 1식 제공

- 연간 급식 규모 : 6억 원
- 14년 2월 위탁업체 선정 완료, 2년 계약 진행
- 15년 연말에 아동급식위원회를 통해 급식 유형 및 사업자

선정에 대한 재논의 가능

2) 지역아동센터 급식(아동)

- 1식 4,500원 상당의 급식 지원금을 지역아동센터에 배부
- 대상자 : 360명
- 추정 식수 : 연간 300식/인
※ 학기 중 전일 1식(석식), 방학 중 전일 1식 제공
- 연간 급식 규모 : 4억 8천만 원
- 급식 지원금으로 지역아동센터 운영비 일부를 충당하는 현장 상황에 비추어 초기에는 일부 지역아동센터를 대상으로 시작할 수 있을 것으로 보임

3) 수급대상 노령자 밑반찬 배달

- 1식 3,000원 상당의 밑반찬을 노인복지관에서 직접 수령하거나 사회복지사를 통해 배송(주 2회)
- 대상자 : 150명
- 추정 식수 : 연간 365식/인 ※ 전일 1식 제공
- 연간 급식 규모 : 1억 6천만 원

3. 초기 진입 가능한 유료 시장

1) ○○ 하이닉스 '행복플러스영양도시락' 사업

- 하이닉스 임직원 기금 배분 사업

- 13,300원 단가의 밑반찬을 주 1회 500여 가정에 배송
- 규모 : 3억 5천만 원
- 지역 내 호응도가 높아 확대하고자 하나 지역 배송업체(푸드뱅크)의 협조가 원활하지 않아 Issue가 있음
- 이천 내 행복 도시락 사업이 시작되면 적극 연계하여 활용하겠다는 의지 보임

2) ○○ 하이닉스 행사 도시락
- 규모는 추후 파악 예정이나 행복 도시락을 적극 활용하고자 하는 의지가 보임

3) 이천시 예비군 시장
- 규모 : 1억 5천~2억 원
- 매년 12월 공고, 다음 해 1월 입찰 시행

4) ○○ 하이닉스 내 기숙사 식당 위탁 운영
- 규모 : 여자기숙사(아미식당), 남자기숙사(고담식당) 각 6억 원
  ※ 일 500식, 3,500원 단가 기준
- 14년부터 후니드가 이천 공장 내 5개 식당 모두 위탁 운영 중
- ○○ 하이닉스 총무 팀과 일부 사업 추진 가능성에 대해 협의 진행 예정(3/10)

4. 향후 계획

- 이천시청 사회복지과 노인복지 팀 협의 진행(차주)
- 입지 후보 지역 선정 및 가용 시설 물색
※ 증포동(결식 대상자 다수 밀집), 부발읍(하이닉스 인근) 중심
- 인프라 구축을 위한 Social Capital 연계 방안 모색(시청 소유지 등)
- Issue별 해결 방안 모색

1) 출소자 배송 관련 발생 가능한 사고 예방 : 예_2인 배송 체계

2) 직무 역량 제고 : 예_청주점 연계 직무 훈련(6~8월), 행복 도시락 사회적협동조합 교육 지원

3) 운영 인력 확보 : 예_기존 행복 도시락 센터장 또는 운영 경험자

4) 대상자 적합성 제고 : 예_여성 출소자 선발 협의

파킨슨병 진단과 수원 공동체로의 복귀

2013년 10월, 이때부터 건망증이 심해졌다. 은행에 자금을 이체하러 갔다. 다섯 곳에 결제 대금을 이체해 줘야 하는데, 한 곳에만 이체를 한 후 가방을 은행 창구에 두고 와 사무실에서 찾은 적도 있고, 경리 직원과 창고에 물건을 찾으러 갔다가 경리 직원과 같이 온 것을 깜빡해 창고 문을 잠그고 돌아온 일도 있었다. 심각함을 느끼고 진료를 받았다. 대학병원 진찰 결과, 스트레스성 파킨슨병이었다. 병을 핑계로 그해 11월에 그곳을 벗어났다. 정말 힘든 6개월이었다.

며칠 후면 법인설립 인가가 나오고 우여곡절 끝에 공장 주방공사도 끝난 상태로, 남은 것은 출소자를 데려오는 일뿐이었다. 희망교도소와 여주교도소, 의정부교도소 재소자 취업박람회에 취업 부스를 신청해 그들을 데려오는 일은 그동안 나를 도와 전 과정을 같이한 재단 친구에게 인계했다.

그리고 병원에서 퇴원하자 수원의 우리 사계절 공동체로 돌아왔다. 내가 떠나 있는 동안 우리 공동체 식구들은 내가 있을 때보다 더 열심히 각자 맡은 일을 하고 서로 격려하면서 화기애애

한 가족 같은 공동체가 되어 있었다. 이렇게 되기까지 시작은 힘들었지만 참고 견뎌준 형제들에게 고맙다는 말을 전하고 마음을 합할 수 있게 도와주신 하나님께 감사예배를 드렸다.

이후 찾아오는 출소자를 돌려보낼 때 제일 가슴 아팠다. 내가 아는 기관으로 달래서 보내며 당부의 말을 잊지 않았다.

"어디에 가더라도 네가 어떻게 하느냐에 따라 성공할 수도 있고 잘못될 수도 있으니 정말 열심히 믿음 지키며 살아라. 내가 마지막 당부하는 말이다. 죽는 날까지 너를 위해 기도할게."

공동체와 함께한 30년

2015년 3월, 1년 2개월 동안 근면 성실하게 일한 영○라는 친구가 차를 가지고 고향인 대불공단 조성 사업장으로 떠나는 날이었다. 그동안 눈물로 근심만 하시던 노모가 "하나님 감사합니다. 전도사님 고맙습니다. 이제 이 늙은이가 편히 눈을 감을 수 있을 것 같습니다."라고 말씀하시며 활짝 웃으셨다. 영○라는 친구와 조수석에 탄 노모가 떠날 때 그동안의 어려움이 한순간에 사라지며 이런 기쁨 때문에 출소자 공동체를 이어 오고 있었는가 보다 생각했다.

2017년, 건강이 더 나빠졌다. 더는 버티기가 어려워 살수차 한대는 그동안 관리하던 친구에게 팔아넘기고, 남은 한 대는 폐차하고 공동체를 해체했다. 큰 짐을 내려놓은 후라 홀가분하기도 했지만 마음 한 구석이 허전했다. 이제 30년을 되돌아보니 구원해 주신 예수님을 믿고 열심히 돈을 벌어 아버지로서 딸에게, 자식으로서 어머니께, 형으로서 동생들에게 도리를 다하고 살 수만 있다면 한 사람만 예수님께 인도하고 재혼해 알콩달콩 살려

했던 계획이 예수님 때문에 방향이 바뀌었다.

'내가 왜 이런 힘든 짐을 져야 합니까? 나도 내 도리를 하며 가족과 친지들을 위해 헌신해도 부족합니다. 놓아 주십시오.'

틈만 있으면 짐을 내려놓으려 했던 기억이 떠올라 회개한다.

1987년에 한 명의 출소자와 같이 청량리 단칸방에서 시작한 공동체가 답십리 뚝방촌, 삼양동 빨래골, 강동구 상일동 비닐하우스를 거쳐 수원까지 총 인원 216명이 다녀갔고, 그중 많은 사계절 공동체 졸업생들이 정상적인 사회 복귀를 못하고 교도소에서 다시 만나는 아픔을 겪기도 했다. 하지만 전국에서 교회 생활을 열심히 하며 믿음 안에서 가정을 이끌고 마음의 빚을 갚기 위해 노력하는 친구들도 많다. 이들의 앞날에 웃는 날이 많기를 기도한다.

그리고 죽을 떠서 입에 가져가면 죽을 흘려 빈 수저를 빨던 죄인에게 이 책을 완성할 수 있게 허락해 주신 하나님께 감사를 드린다.

내가 만난 천사들

  [악연으로 만난 천사]

1975년경, 동대문 시장에 있을 때 광장 시장에서 일수 장사를 하고 돈놀이를 하는 한 여사장에게 500만 원을 1일 5만 원에 열흘을 쓰기로 하고 빌렸었다. 5일을 쓰고 갚는데도 이자 50만 원을 다 달라고 해서 대판 싸운 적이 있었다.

1987년, 10여 년이 지난 후에 만난 그 여사장은 고리대금업자로 돈이 급한 사람들에게 돈을 꿔주고 달러 이자로 폭리를 취하는 악덕사채업자가 아니라 하나님의 사랑을 몸소 실천하는 귀한 사역자로 변해 있었다. 자신이 운영하는 식당에서 파는 음식보다 더 맛있게 만든 음식을 주일마다 노인들과 결식아동들에게 제공하고, 주위의 어려운 사람들에게 거금을 기부하기도 했다. 나는 가끔 그녀의 식당에서 식사를 했다. 어느 날, 내게 음식을 한 상 차려주며 "출소자들과 같이 생활하고 있다며? 어떻게 그렇게 어려운 생각을 했어? 나도 그 일에 동참하고 싶은데, 내가 할 일이 있으려나 몰라?" 한다. 그 후 사장님과의 인연은 2013년

사장 권사님이 소천하실 때까지 이어졌다.

🌱 [첫 번째 천사]

평양에 사셨던 권사님은 6.25 전쟁 때 남편, 아이들과 피난을 오던 중 남편을 잃고 서울에 와 청계천 움막에서 피난살이를 했다. 자녀들을 키우기 위해 미군 부대에서 나오는 꿀꿀이죽을 파는 일을 했고, 돈을 조금 모은 후에는 일수쟁이부터 시작해 돈놀이로 재산을 모았다.

훗날 전해들은 것은 그 사장님이 초기 평양교회의 성도였고, 피난살이의 어려움이 있을 때 매일매일 하나님이 지켜주셔서 이겨낼 수 있었다는 신앙고백이었다. 이렇게 만난 권사님은 소천하실 때까지 우리 사계절 공동체의 후원 회장으로, 하나에서 열까지 일일이 챙겨주신 '나 이수영 전도사의 어머니이자 믿음을 이끌어 주신 선배'셨다.

권사님이 하나님의 이름으로 세상에 베푼 사랑은 수없이 많지만 내가 알고 있는 것과 사계절 공동체 후원 회장으로 하신 일을 소개하려 한다. 권사님의 기부 방식은 다른 사람이 모르도록 슬그머니 해주신다는 것이다. 광장 시장에서 물건을 날라주고 품삯을 받는 지게꾼의 아내가 계단에서 넘어져 병원에 입원했는데, 치료비 때문에 힘들어 한다는 소식을 들으시고 아무도 몰래 치료비를 내주신 일화는 훗날 그 지게꾼이 고백하고서야 시장상인들이 알았다고 한다.

또 무기징역을 선고받고 23년을 복역한 후 가석방으로 출소한 친구가 우리 공동체에 왔는데, 펜팔친구와 결혼을 한다고 했다. 무일푼의 두 남녀가 결혼을 하니 살 방을 구해줘야 하는데, 서울에서 방 구하는 것이 한두 푼으로 해결되는 것도 아니고…… 고민하며 기도하고 있는데 권사님의 호출을 받았다. 권사님이 내미신 흰 봉투를 받아 그 돈으로 그들의 신혼집을 차려주었다. 왼손이 하는 일을 오른손이 모르게 하라는 성경 말씀을 실천하며 사신 분이다. 이 못난 죄인이 어려운 가운데서 감사한 것은 하나님의 뜻대로 살 때 권사님을 보내주셔서 사계절 공동체를 온전히 하나님께 영광을 돌리는 공동체로 이끌어 주신 것을 확신하고 감사드린다.

🌱 [두 번째 천사]

내가 이분을 처음 만난 곳은 서초동에 있는 변호사 사무실에서였다.

첫인상은 그저 샌님같이 순박해 보이는 분이셨다. 사무실에 무작정 찾아가서 다짜고짜 도움을 청했다. 그때까지 내가 아는 변호사는 근접하기 어렵고 많은 돈을 지불해야 만날 수 있는 우리와는 다른 상류 사회 사람들이라고 생각했었는데, 이분은 아니셨다. 수임료를 많이 받는 어떤 사건보다도 피고인을 대변하셨다. 그래서 재판부도 그에게 선처를 베풀어 새로운 삶을 살 수 있게 해주었다.

한번은 공동체를 떠나 충북 진천에서 가족과 같이 운수업을 하는 친구의 장모님으로부터 급한 전화를 받았다. 그 친구가 단양 경찰서에서 조사를 받고 있다며 도와달라는 것이다. 원주를 거쳐 제천, 단양으로 3시간을 달려 새벽에 도착한 수사계 사무실에는 그 친구와 경찰관이 있었다. 사건 내용을 들어보니 대형 화물차로 단양 시멘트 공장에서 시멘트를 실어 충북 각지로 운송해주고 그 운송료를 받아 생활을 했는데, 그 지역 건달들과 시비가붙었다는 것이다. 전국에서 오는 화물차들이 시멘트 공장에 오는 순서대로 대기하다 시멘트를 싣고 나가는 것이 규칙이지만 건달들이 차례를 바꿔주고 돈을 뜯어가는 부당함을 알고 항의하는 과정에서 몸싸움을 벌여 '폭력 행위 등 처벌에 관한 법률 위반'으로 조사 중이라며 합의만 되면 불구속 처리를 해주겠단다.

결국, 합의가 안 돼 구속이 되었지만 못내 아쉬워 치료비를 공탁하고 보석 신청을 했다. 10일 후 변호사님께서 보석 결정이 나서 오후에 석방이 되니 가족들에게 알려주라고 하셔서 그의 가족들과 오후 5시 제천경찰서 정문 앞에서 만나기로 약속하고 오후 1시에 서울을 출발했다. 4시 반경 제천에 도착해서 그 친구 가족들과 만나 함께 기다렸다. 5시에 그날 출소할 사람들이 나왔는데, 5시가 지나도 그 친구는 나오지 않아 경찰관에게 물어보니 그날 출소할 사람은 다 나왔단다.

서울 변호사님께 전화하니 분명 오늘 보석 허가가 나서 석방 연락을 받았는데, 이상하다며 확인해서 전화해 주시겠다고 하고 전화를 끊으셨다. 잠시 후 경찰관이 하는 말이 법원 일이 끝나면 담당 경찰관이 검사실에 들러 석방 지휘서를 찾아와 경찰서에서 석방을 하는데, 보석 석방이라 실수로 석방 지휘서를 찾아오지 않았으니 전화해 놓았다고 검찰청 민원실에 가서 찾아 경찰서로 가져오란다.

택시를 타고 검찰청에 가서 석방 지휘서를 찾아 경찰서에 갖다 주고 빨리 석방시켜 달라고 하니 영직 과장이 "혹시 검찰에 계십니까?" 하고 묻는다.

"어디에 있는 것이 뭐가 중요합니까? 경찰이 잘못해서 우리가 두 시간이나 기다렸으니 빨리 석방 절차나 잘 처리해 주시오."

20여 분 만에 유치장에서 나온 그 친구가 옷을 바꿔 입고 구속될 때 맡겨놓은 시계 등 귀중품과 영치금을 확인하면서 돈이 빈다고 한다. 50여만 원이 남아 있어야 하는데 10여만 원만 있단다.

왜 이렇게 차이가 나느냐고 항의하니 영치금 사용 장부를 대조해 주었다. 23일 조식 돼지고기 두루치기 5만 원, 석식 인삼 백숙 10만 원.

이 경찰서 유치장에서는 돼지불고기, 인삼 백숙도 파느냐고 그 친구에게 물어보니 그런 음식은 본 적도 없단다. 유치장 감방장들이 신입으로 들어온 수형자들을 괴롭혀 돈을 가져오게 해 담

배나 부정물품을 주고 백숙 등을 판 것으로 위장해 돈을 빼 쓴 것이다.

당직 과장에게 "도대체 여기는 어느 나라 경찰서입니까? 21세기 대한민국 경찰에서 어찌 이런 일이 있을 수 있습니까?"라고 항의해 부족한 돈을 찾아주고 그 친구를 가족과 같이 보내고 서울로 왔다.

이후 변호사님은 동료 변호사 몇 분과 모임을 만드셔서 억울한 피고인이나 피치 못할 사정으로 사고를 친 피고인들을 도와주시는 일을 2017년까지 해주신 천사시다.

그분과 그동안 주고받은 편지 몇 장을 이 책을 통해 공개하고자 한다. 편지를 받고 제일 민망했던 것은 나 같은 죄인에게 자신이 나보다 인격과 신앙에 뒤떨어졌다는 말씀과 아무 이해관계 없이 만난 인연 10여 명 중 한 명으로 나와의 인연을 소중하게 이어가고 싶으시다는 말씀에 이 천사님을 실망시켜 드리지 않기 위해서라도 더 열심히 봉사해야지 다짐했다.

특히 이 변호사님은 무료 변호는 물론이고 재판부에 선처를 구하기 위해 합의가 필요한 피고인의 사건에는 사비를 털어 합의를 해주시는 정말 헌신적으로 출소자들을 구원해 주신 천사시기에 이 책에서 소개한다.

이 변호사님의 헌신적인 사랑에 감동한 출소자들이 가족들이나 이웃들에게 자신들이 받은 사랑을 갚는다고 열심히 살아가는 선순환을 보면서 하나님의 사랑의 전파가 세상을 바꿀 수 있다는 확신을 갖게 되었다.

사실, 이 변호사님께서는 사계절 공동체를 지켜준 분이시고 주인이시다.

공동체 살림이 어려울 땐 사비를 털어 생필품을 조달해 주셨고, 정신적으로 방황할 때 위로를 해주신 변호사님은, 현재 서울 모 대학 법학 전문 대학원 교수로 재직 중이신 살아계신 천사님이시다.

이수영 전도사님!

전도사님, 새롭고 중요한 일을 맡으신 다음에도 베풀고 계시는 일들과 앞으로 하실 일들이 더 많아지시지는 않았는지요?

성탄절 카드를 받아 소중한 주소를 잘 적어 보관해 두었지만 이제야 찾은 까닭에 지금에서야 메일을 쓰게 됩니다.

항상 이 전도사님이 더 크고 가치 있는 일들을 하셔야 된다고 생각했었는데, 올해부터는 아주 거칠고 궂은일, 힘들고 어루만져주기 힘든 분들보다 세월도 흘렀으니 조금 부드러운 일들이 더 나을 것 같습니다. 그런 의미에서 지금 맡으신 일들은 정신적으로는 그전과 크게 다르지는 않더라도 몸은 조금 덜 지치지 않겠습니까.

저는 항상 봉사 또는 기부 같은 것도 가깝거나 잘 아는 분, 잘 아는 곳에서부터 시작해야 오래가고 보람도 있을 것이라 판단했었는데, 많은 세월이 흐르다 보니 반드시 그렇지만은 않다는 것을 깨달았습니다. 그렇다 보니 제가 마음마저 제대로 가지지 않는 곳에서, 또 그런 분들을 위해 일하시는 분들을 보면 저절로 머리가 숙여지곤 했습니다.

하여간 올해 을미년부터는 이 전도사님이 원하시는 일들을 많이 할 수 있고, 또 원하시는 대로 많은 것이 이루어지기를 바랍니다.

과거는 이미 지나가 우리가 어떻게 할 수도 없는 것이고, 미래는 한 치 앞도 볼 수 없는 것이어서 현재에 무엇을 하고 있느냐가 우리의 가치와 미래를 조금이나마 확인할 수 있는 바로미터가 될 것 같습니다.

아무쪼록 하시는 일이 힘드시더라도 스스로 격려하고 위로하고 가시면 반드시 하나님이 앞길을 환히 밝혀주시리라 믿습니다.

새해에는 주님의 은총과 축복이 빛나는 곳을 가시고, 또 다른 참된 새로운 길을 열 수 있기를 바랍니다.

신만중 드림

이수영 전도사님!

안녕하셨어요? 항상 하루하루를 수많은 죄를 짓고 사는 제가 전도사님에게는 잘못 비쳐지는 것 같아 속죄하고 싶은 심정입니다.

세상에서 가장 어려운 직업 중에 하나가 '전도'라는 것을 항상 깨닫고 경외하고 있는 저로서는 적어도 전도사님께서는 수많은 하루 중 보통 사람들보다 보람 있는 하루하루를 더욱 많이 보내셨으리라 확신하고 있습니다.

저는 오늘도 외관상 별 탈 없이 보여도 하루하루가 죄투성이임에도 단지 매순간 잊고 살아가면서 필요한 부분에 집중하다 보니 소중한 많은 것을 잃어가고 있는 것 같습니다.

여주에서 있었던 일은 단지 몇 시간이 아니라 길어야 며칠간의 일이었고, 그동안 재소자들이나 불쌍하고 헐벗은 사람들을 위해 보내신 시간은 그 기간의 수백 배가 되실 텐데…….

마음의 빚이 아니라 주님이 더욱 단련시키기 위한 고초였다고 생각하시고, 좋은 일들만 기억하신 채 하시고 싶은 일에 전념하시고 밝은 마음으로 다시 볼 수 있기를 바랍니다.

　어느덧 한 해가 저물어가니 보람 있고 가치 있던 일들을 정리해 가면서 새로운 기분과 결심 아래 또 다른 내일을 향해 힘차게 나아가야 할 것 같습니다.

　제가 부족한 생각이 들 때마다 전도사님 생각을 하면서 깊이 있는 나날을 살아가도록 노력하겠습니다. 희망과 기쁨, 그리고 기대에 찬 새해가 벌써 다가옴을 느낍니다.

2011. 12.

신만중 드림

　이수영 전도사님께

　안녕하세요. 이수영 전도사님!

　이 전도사님의 글을 읽고 곧 답장을 드리려다가도 이 전도사님보다 인격과 신앙 면에서 훨씬 뒤떨어지는 제가 무엇이라 말씀드리는 것도 저에게 흠이 된다는 생각 때문에 자꾸만 망설여졌습니다.

　그리고 저에게 지은 빚이 있으시다는 것도 너무 저를 잘못 아시고 계시는 것 같아 죄 많은 저를 질책하시는 것으로 느껴지곤 했습니다.

　세상에서 가장 뜻깊은 일들은 전도사님이 끝까지 출소자들의 쉼터를 지키시는 것과 같은 일들이겠지요.

　저처럼 용기 없고 의심 많은 사람은 출소자들 옆에도 가지 못하고, 소외될 것 같아 만나지도 못하고 있습니다.

누구에게도 어려운 일들을 이 전도사님께서는 가장 어려운 상황에서 실제로 육체적 노동까지 해가시면서 몸소 실천하고 계신데도 제가 조금도 돕지 못해 울적할 뿐입니다.

　저는 사무실을 옮겨 김○수와 각기 다른 사무실을 사용하고 있지만 저의 여직원이 이 전도사님의 편지를 받아와 너무나 반가웠습니다. 그리고 저도 언젠가는 마음을 비우고 가족이나 주변 환경을 탓하지 않고 선한 일을 하는 데 매진할 수 있는 마음과 행동이 따라오기를 스스로 간절히 바라고 있습니다.

　아직도 세속적인 속물근성과 부의 증식을 위한 꿈을 버리지 못한 채 삶의 확실한 가치를 이어가지 못하고 하루하루를 연명해가며 만족한 나날이 아니면서도 그저 큰 부족함이 없는 오늘이었다고 생각하며 수년을, 아니 수십 년을 훌쩍 떠나보냈습니다.

　참된 인연이란 오랜 관계의 지속을 뜻하는 것 같습니다.

　이 전도사님과 같이 아무 이해관계 없이 이어지는 인연을 가질 수 있는 분들이 불과 10여 명 내외지만 항상 소중하고 뜻깊은 만남이라 생각하고 있습니다. 자주 뵙지 못하더라도 남을 돕지 않고 나만을 생각하는 이기심이 발동할 때마다 이 전도사님을 생각하면서 조금씩 조금씩이라도 나아지도록 노력하겠습니다.

　그럼, 힘드실 때마다 서로 격려와 위로를 해줄 수 있는 뜻깊은 관계가 지속되길 바라면서……주님의 은총과 건강을 기원합니다.

신만중 드림

모태 신앙으로 태어난 이분은 초·중·고를 미션스쿨을 다니고 군에 다녀와 취업을 한 곳이 교도소였다.

당시 간수는 사회에서도 흔히 기피하는 직업이고, 근무 환경도 열악해 그만둬야지 하면서 다니던 중에 극형 선고를 받고 집행 대기 중인 한 재소자를 만나게 되었다.

일반적으로 최고수들은 언제 죽을지 몰라 항상 불안해하며 스트레스를 풀기 위해 같은 방에 있는 재소자들을 괴롭히고 행패를 부린다.

이 교도관은 이직을 생각하며 근무를 하던 중이라 처음에는 흉악한 죄를 저질러 최고형을 받은 수형자라 자기 근무 시간에만 사고 치지 않기를 기도했는데, 하루는 감방에서 수갑 찬 두 손으로 화장실 청소를 하는 최고수를 보고 이상하다고 생각했단다.

그 이튿날부터 이 최고수를 유심히 살펴보았다. 감방 안에서 청소면 청소, 비품정리면 비품정리 등 모든 궂은일에 솔선수범하고 항상 편안한 표정으로 생활하는 것을 이해할 수 없었단다.

매일 다른 최고수들은 죽음의 공포 때문에 불안해 비이성적인 수형 생활을 하는데, 이 친구는 반대로 모범적인 수형 생활을 하며 동료 일반 수형자들에게 하나님을 믿고 성경 말씀을 따라 살면 재범하지 않아 교도소에 들어올 일도 없고 가족과 이웃에게 칭찬받으며 살 수 있다고 전도하더란다. 처음에는 그도 이것을 이해하지 못했다고 한다. 그리고 모태 신앙이라고 떠벌리던 자신과 이 최고수의 믿음이 왜 이렇게 다를까 생각했단다.

근무 환경이 열악해 어떻게 하면 좋은 곳으로 전직할 수 있을까 궁리만 했고, 수형자들은 원래 이상하게 태어나 나하곤 다른, 상대해서는 안 될 인간들이라고 생각했던 것이 얼마나 잘못되었던가를 후회하고 회개했단다.

이후 그는 교도소에서 재소자들에게 복음을 전해 하나님의 자녀로 살게 하는 것이 하나님이 주신 사명임을 깨닫고 기쁘게 교도관 일을 수행했다.

진급을 해서 계장, 과장, 소장이 될 때까지 30여 년 동안 그는 가는 곳마다 교도관이 아니라 하나님의 종으로, 전과자나 흉악범의 선도자로 재소자들이 하나님의 말씀을 통해 자신을 돌아보고 새롭게 변화되는 계기를 만들어 주려고 노력했다. 정년퇴직후 그는 목사님이 되었고, 출소자 공동체를 만들어 출소자들의 자립 갱생을 도우며 전국 교도소에 성경 공부를 시켜 모든 재소자가 매일매일 성경을 읽도록 했다.

많은 재소자들에게 성경 말씀을 통해 하나님을 만나게 해주는 것이 최고의 기쁨이고 보람된 일이란다.

앞에서 말했듯이 교도관이란 직업을 통해 전도를 하는 것이 정말 진흙탕에서 진주를 캐는 것 같이 하나님의 아들로 귀한 일임을 깨닫자 하나님의 귀한 사명자임을 감사했단다.

어느 날, 내가 "목사님은 하나님 나라에서 귀한 영접을 받으시겠지요?" 하자 "글쎄요. 하나님께 세상 끝나는 날 이 죄인을 받아달라고 기도드리지만 모르겠습니다. 돌아보면 매일매일 회개할 일이 많이 있습니다."라고 대답하신다. 이 목사님과 있었던 일화를 소개하려 한다.

어느 날, 이 목사님에게서 믿을 만한 출소자를 소개받아 안산에서 차량용 방향제를 만드는 집사님 회사에 취업을 시켰다. 취업한 지 10여 일이 지난 말일 쯤, 집사님이 착실하고 일도 열심히 하는 사람을 구해줬다고 고맙다며 월급을 50만 원 올려주겠다고 한다.

아직은 시기상조인 것 같으니 이삼 개월 후에 올려주라고 만류하고 전화를 끊었다. 이 회사에서는 월급날 직원 전체 회식을 하는데, 그날도 근처 식당에서 회식을 했다. 집사님께서 한 달 동안 고생한 직원들에게 '브라보'를 권했고 술을 마시는 직원들은 맥주를, 술을 못 마시는 직원들은 음료수를 잔에 부어 들고 집사님의 선창에 따라 "열심히 살자!"를 합창하고 회식이 시작되었다.

집사님은 다른 일이 있어서 공장장에게 회식을 부탁하고 자리를 떴는데, 이 친구의 모든 것이 궁금한 작업 반장이 술을 권했다.

"정말 술을 못하십니까? 회식 때는 한 잔 하셔도 됩니다. 한 잔 하십시다."

"아닙니다. 술 끊은 지 오래 됐습니다."

몇 번을 거절하던 이 친구가 여러 동료들이 술을 권하자 한 잔만 마셔볼까 하고 소주 한 잔을 마신 것을 시작으로 술이 거나하게 취할 때까지 마시고 주정을 하기 시작했다.

"내가 대한민국 교도소 중에서도 시베리아인 청송에서도 잘나가던 놈이라오. 술도 끊고 사람답게 살아보려고 참고 있는데, 작업반장 너 싸가지가 없어. 한 번 혼나 볼래?"

회식자리가 싸움판이 되었고 한 사람, 두 사람 떠나고 혼자 남게 되자 화가 덜 풀린 이 친구는 소주 몇 병과 주방 칼을 들고 공장 기숙사로 갔다. 그곳에 아무도 없자 여자 기숙사 문 앞에 자리를 잡고 앉아 고래고래 소리를 지르며 끝을 보려 했다.

내가 출소자들에게 금기시하는 첫 번째가 음주다. 왜냐하면 열심히 살자, 다시는 죄짓지 말자고 다짐하고 다짐했던 마음이 술로 인해 풀어지기 시작하면 그다음에는 자기도 모르게 마음속에 억눌려 있던 분노가 튀어나와 스스로도 감당을 못하고 무너지기 때문이다.

결국, 공장장이 집사님께 보고하고 집사님이 내게 전화해 수습을 부탁했다.

차를 몰고 공장에 가보니 공장장이랑 직원들, 경찰기동대가 문 앞에 서서 그 친구와 협상을 벌이고 있었다. 그 친구가 있는 곳이 여자 기숙사 문 앞이고 공장에서 사용하는 신나 여러 통을 문 앞에 쌓아놓은 채 식당에서 들고 온 칼, 소주를 마시며 버티니 섣부른 진압으로 여자 기숙사 안에 있는 근로자들이 다칠까 걱정되어 기다리는 중이었다.

공동체 리더 명함과 교도소 종교 위원증을 보여주고 공장 안으로 가니 술이 취한 그 친구가 인기척에 놀라 소리를 지른다.

"누구야? 가까이 오면 불을 질러 다 죽여 버릴 거야."

"나야, 이수영 전도사. 너 이제 어떡할래? 내 앞에서 또 수갑 차고 끌려가는 꼴은 볼 수 없으니 뒷담을 넘어 상록수역으로 가라! 잠시 후에 나도 상록수역으로 갈게."

뒷담을 넘는 것을 보고 정문으로 나가니 기다리던 경찰관들이 급히 기숙사 쪽으로 달려간다. 그것을 보고 상록수역으로 갔다.

건물 간판 뒤에 숨어 있던 그 친구를 태우고 목사님이 계시는 은평 쪽으로 차를 몰았다. 가는 도중에 소변이 마렵다며 차를 세워 달랜다.

차를 세워주자 문을 열고 살얼음이 언 논 가운데로 뛰어가 넘어지고 일어나 울기를 30여 분 하더니 "나는 죽어야 해!"라고 소리를 지른다.

"그래, 차라리 죽는 게 나아. 세상에 태어나 가족을 돕든지, 이웃을 위해 도움을 주지는 못할망정 넌 네 주위에 있는 사람들에게 아픔과 괴로움만을 준 벌레 같은 사람으로 살았어. 그럴 바엔 지금 네 스스로 죽는 게 사는 것보다 백 번 나아. 그럼 난 간다. 죽든지 살든지 네가 알아서 해."

차 시동을 걸자 술이 깼는지 쏜살같이 뛰어나온다. 진흙투성이를 그냥 태울 수 없어 트렁크에서 비닐 우비를 꺼내 차 뒷좌석에 깔고 차에 태워 은평구 목사님 댁으로 데려다주었다. 그 후 들은 얘기로는 여비를 얼마 줘서 보냈다고 하는데, 1년여 후 지방 교도소 집회 때 그곳에서 그 친구를 만났다.

불안해하는 목사님께 "어디 그게 목사님 탓인가요. 하나님 탓이지. 하나님께서 목사님과 제가 나태해졌다고 채찍을 드신 거예요." 했다.

우리는 서로를 격려하고 서로 협조하는 통역자로서 그 후에도 실과 바늘같이 서로 부족한 것을 채워주며 세월을 보냈다.

목사님께서 노환으로 소천하실 때 내게 당부의 말씀을 남기셨다.

"전도사님, 주님의 종으로 잘 살았다고 생각했는데, 요일에는 잘못한 것이 너무 많아 회개의 시간을 가졌습니다. 하늘나라에서 주님 우편에 사는 것을 목표로 열심히 살았지만 자신이 없습니다. 전도사님, 최선을 다하십시오. 절대 자만하지 마시고요."

그렇게 떠나신 목사님은 우리의 영원한 천사님이시다.

🌱 [네 번째 천사] 〰〰〰〰〰〰〰〰〰〰〰〰〰〰〰〰〰〰〰〰〰〰〰

이분은 현재 수도권 구치소 소장님이다. 지방 구치소 소장에서 2022년 1월 5일자에 이곳으로 영전했다.

이 천사를 처음 만난 것은 2014년 5월경, 수도권 모 구치소 과장으로 근무할 때다.

당시 그는 전국 교정 연합 신우회 회장으로, 전국 교도소 신우회 연합체를 이끄는 믿음이 신실한 집사님이었다.

그의 첫 인상은 20여 년을 교도소에서 근무한 베테랑 교도관이라기보다 교단에서 학생들을 가르치는 샌님 선생님 같은 모습이었다.

이분에 대한 평가는 사람마다 다르다. 어떤 이는 그가 전형적인 교도관이라고 말하기도 한다. 이해관계 없이 그저 같은 신앙인으로 처음 만나 얘기를 나눠본 그는 교도관, 즉 소장이라는 직위는 하나님의 귀한 사랑을 전하라고 주신 소중한 자리라고 감사하며 남몰래 어려운 재소자를 돕는 숨은 천사였다.

물론, 많은 믿음의 자녀들이 세상을 살며 주위에 하나님을 전도한다.

상인은 어려운 이웃에게 생필품으로, 직장인은 후배에게 행함으로 모범을 보이며 힘들어 하는 동료를 진심으로 위로하고 도와 주님의 사랑을 실천함으로써 입으로 전도하는 것보다 삶을 통해 기독교인의 향기로 전도하는 숨은 천사들이다.

이처럼 세상에는 이웃도 모르게 주의 이름으로 사랑을 전하는 천사들이 많다.

소장님의 상황과 반대되는 할머니 천사도 계시다.

가락 시장 노점 한구석에 물건을 다 팔아야 몇만 원이 될까 말까 한 그야말로 다른 이들로부터 도움을 받아야 할 처지의 분이다.

공동체에서 쓸 야채를 구입하러 시장에 가면 꼭 그 할머니한테 들러 남은 물건을 몽땅 떨이한다.

물건이 시들어 시래기로 말려 국을 끓여 먹을 때도 있지만 돌아가신 어머니 같은 모습에 마음이 아파 "할머니 건강하세요!"라고 인사를 한다.

그날도 배추 몇 포기, 무 서너 개를 놓고 멍하니 계신 모습에 다가가 "할머니 많이 파셨어요? 그거 다 싸주세요. 얼마 드리면 되죠?" 했다.

"전도사님, 좋은 일 하시니 나는 이거라도 기부할 게요. 그리고 이거 얼마 안 되지만 보태서 좋은 일에 써주세요." 하시며 꼬깃꼬깃한 만 원짜리 지폐 몇 장을 꺼내주신다. 정말 너무 고마워 같이 손을 잡고 한참을 울었다. 정말 거룩한 천사님이시다.

🌱 [다섯 번째 천사]

이번 천사는 시골 조용한 교회의 장로님이다.

산으로 둘러싸인 그곳은 5일에 한 번씩 서는 장날에도 유동 인구가 200~300명밖에 되지 않는 산촌이다.

이 시골에 교도소 단지가 생겼다.

경북 제1교도소, 제1감호소, 제2감호소, 중구금교도소, 경비교도대훈련소 등 다섯 개 기관에 근무하는 법무부 교정직 공무원 숫자만도 4,000여 명, 경비교도대 훈련병 몇백 명, 수형자 4,000여 명, 도합 8,000여 명이 수용된 단지가 생긴 것이다. 이곳 교회의 순박한 장로님이 교도소 선교의 특급전사가 되었다.

서울에서 400킬로미터, 안동에서 40킬로미터 거리에 자리 잡고 있다 보니 외부에서 재소자 지원은 요원한 일이다.

근동에서 교회나 사찰 등 종교기관이라곤 수십 명의 성도가 다니는 이 작은 교회뿐이라 장로님이 그 큰 짐을 오롯이 진 것이다.

처음에는 경제적으로 어려웠지만 가족들의 전폭적인 지원으로 주님 안에서 행복한 봉사였다고 한다.

눈에 들어오는 성경 말씀이 개잡놈을 바꾸고 그를 통해 세상을 바꿀 수 있다.

감방마다 제일 많은 책이 성경이다. 관물대에도 있고, 방바닥에도 여기저기 있다. 성경을 보는 재소자는 많지 않다. 그 성경책이 꼭 필요한 곳은 종이가 얇고 보들보들해 담배 말아 피우는 데 적당하다.

이렇게 이상한 곳에 쓰이던 하나님의 말씀이 어느 순간 개잡놈들의 마음을 흔들어 새로운 세상을 볼 수 있게 하는 초능력을 발휘해 하나님의 아들을 만들어 주는 기적이 일어난다.

장로님은 자신이 하는 일은 여기까지고, 이후의 일은 하나님께 맡기고 열심히 기도한다.

훗날 만났을 때 "나도 때때로 주저앉고 싶을 때가 있었는데, 전도사님은 그들과 같이 생활하며 나보다 더 힘들 때가 많으셨을 텐데 어떻게 이겨내셨어요?"라고 묻는다.

"모르겠어요. 내가 이겨낸 것이 아니라 내 안에 계신 성령님께서 승리하게 해주셨어요."

장로님은 가석방 날이 다가오면 집을 비우고 다른 곳으로 피해 그들이 진보면을 다 떠난 후 돌아오기도 했단다. 그래서 장로님께 물어봤다.

"나는 빚진 것이 많아 빚을 갚기 위해 이 일을 계속하지만 장로님은 왜죠?"

"세상에 보이는 빚은 전도사님이 많을지 몰라도 저도 하나님께 큰 빚이 있습니다. 그 빚을 갚기 위해 최선을 다했지만 요즘에는 솔직히 힘듭니다."

장로님이 말씀하신 큰 빚이란 무엇일까?

"그 안에 생명이 있었으니 이 생명은 사람들의 빛이라."(요 1:4)

성경 말씀을 정독하다 이 말씀을 통해 큰 뜻을 깨닫게 해주셨다.

하나님은 우리 안에 있는 생명으로 천지를 창조하셨다. 우리가 죄를 범하여 하나님의 생명에서 끊어져 빚진 불안한 삶을 사는 것이다. 실제로 우리가 살면서 성령이 충만할 때는 하나님이 나의 어려움을 보고 계시고, 지금의 어려움을 해결해 주신다는 확신이 있어서 담대하게 임할 수 있지만 하나님의 생명에서 끊어졌을 때는 불안한 삶을 산다.

그러나 우리가 하나님의 아들 예수님을 믿으면 하나님 생명에 다시 접붙여져 하늘 생명이 우리 몸 안에 들어와 영생을 얻고 세상 삶의 평안함을 느낄 것이다.

장로님은 원죄의 빚을 갚기 위해 어려움을 견디시는데, 그동안 불평을 하며 공동체 살림을 소홀히 했던 것을 회개했다.

"맞습니다. 힘들고 고독합니다. 예수님이 우리를 구원하시기 위해 피 흘리시며 십자가에 못 박히신 모습에 비하면 우리의 고통은 견딜 만하지요."

장로님과 나는 눈물로 기도를 드리고 헤어졌다. 장로님은 변함없이 교도소 선교에 온 정성을 다하고 계실 것이다.

🌱 [여섯 번째 천사]

이분은 스님이시다. 불교에서는 드물게 교도소 선교에 평생을 바치신 분이다.

처음에는 종파가 달라 행사장에서 만나면 인사나 하는 정도였다.

어느 교도소 소장님이 불교를 믿는 분이셨던 모양이다.

교회 한 편에 부처상이 설치되어 있었는데, 이것이 문제가 되어 한동안 기독교, 천주교 지도자들이 교회당 사용을 거부하며 기독교, 천주교 집회를 중단했다.

참고로 교도소에는 한 개의 강당을 화요일에는 기독교가 교회당으로, 수요일에는 천주교가 성당으로, 목요일에는 불교가 법당으로 사용했다. 그런데 강당 왼쪽에 부처님을 세웠으니 다툼이 생기는 것은 어쩌면 당연한 수순일 것이다.

나도 개신교 종교 위원으로 예배시간에 불상이 교회당을 내려다보는 것을 반대하지만 부처님을 벽 쪽 가까이 옮기고 커튼으로 가려놓으면 서로 양보할 수 있다고 생각했다.

사실, 정면 중앙 벽에는 붙박이 십자가가 있었지만 평소에는 커튼으로 가려놓고 예배 때만 커튼을 걷고 예배를 드리고 있었다. 기독교 측이 이런 상황을 설명하며 절충안을 내어 불교 측을 설득해 합의를 이뤄냈다.

이 일을 계기로 스님과는 종교를 떠나 서로의 근황을 묻는 사이로 지내고 있다.

1993년 5월경, 교도소에서 행사가 끝나고 교무과장님과 티타임 시간에 기독교 담당 직원이 정말 안타까운 사연이 있다며 눈물을 훔친다.

사연인즉, 최고형을 선고받은 24살의 재소자가 있는데, 그의 칠순 노모가 교도소 근처에 방을 얻어 생활하며 매일 아침 면회가 되면 오늘도 아들이 살아 있다고 안도한답니다.

시간을 쪼개 그 어머니를 만났는데, 막내아들을 향한 어머니의 애절함이 그대로 전해졌다.

막내아들이 사형선고를 받게 된 것은 육남매를 애비 없이 키우면서 아이들이 배곯지 않게 하려고 죽기 살기로 일만 했지 그놈의 텅 빈 마음을 어루만져주지 못한 결과라며, 그 모든 것이 어미의 책임이니 아들 대신 죽을 수만 있다면 대신 죽고 싶다는 것이다.

이 할머니는 평생 광주리를 이고 마을마다 다니면서 물건을 팔거나 시장 모퉁이에 생선 좌판을 펴놓고 장사를 했다.

세월이 지나 점포도 얻고 살 만해졌을 때 이 할머니의 몸은 여기저기 아픈 곳이 많았고, 특히 지금 최고수가 된 막내아들은 가출해 소식조차 알 수 없었단다.

병든 몸을 이끌고 1년여를 찾아 헤맨 끝에 아들을 만난 곳이 이 교도소였고, 막내아들은 이미 대법원에서 사형이 확정되어 집행 대기 중에 있었다.

할머니는 이때부터 교도소 근처에 방을 얻어 놓고 언제 죽을지도 모르는 아들이 차디 찬 마루방에서 자는데, 당신은 따뜻한 방에서 잘 수 없다며 영하의 날씨에도 불도 때지 않고 365일 아들을 면회하고 있다가 아들이 세상을 떠나면 시신을 수습하고 자신도 아들을 따라가시겠단다. 너무나 결연한 어머니의 모습이 빈말이 아닌 것 같았다.

할머니의 기막힌 삶과 병든 노년에 맞닥뜨린 막내아들과의 만남, 이 모든 것이 자기 잘못이라며 그 짐을 당신이 지려고 하는 것이다.

면회를 담당했던 교도관, 자매결연자, 목사님, 기독신우회 등 여러 분들이 아들의 생사보다 어머니의 생사를 더 걱정하고 있었다.

"아들보다 이 할머니를 살려야 합니다. 우리가 무엇이든 해봅시다."

이 일에 발 벗고 나서준 이가 스님이셨고 기독교계, 불교계가 합동으로 법무부에 청원을 했다.

대법원에서 확정된 판결을 바꿀 순 없지만 사형 집행을 늦춰 어머니가 극단적인 선택을 하는 일만은 막아달라는 청원을 1,000통은 쓴 것 같다.

다행히 김영삼 정부 말기인 1999년 12월, 23명의 최고수가 세상을 떠났는데, 이 아이는 빠져 어머니를 살릴 수 있었다.

할머니는 2000년에 아들을 면회하고 나오다 쓰러져 노환으로 별세하셨고, 아들은 김대중 정부의 특별사면에서 무기징역으로 감형되어 2010년 가석방으로 출소했다. 그 아들은 스님의 인도로 오대산 암자에서 피해자와 먼저 가신 어머니의 극락왕생을 기도하는 수도승으로 살고 있다고 한다.

아마도 우리나라 헌정 사상 사형이 확정된 최고수가 사면을 받아 살아서 출소한 예는 처음으로, 기독교, 불교, 천주교가 합심하여 기적을 이뤘다고 모두가 기뻐했다.

🌱 [일곱 번째 천사]

미국에 살고 계신 맹 권사님은 천사님이다. 공동체 설립 초기에는 모든 것이 어려웠다. 전기세를 못내 전기가 끊긴 적도 있다.

당시 재소자들에게 TV 시청이 허락되었는데, 일반 가정처럼 직접 채널을 돌려가며 보는 것이 아니고 교무과에서 선별해서 녹화해 오후 5시부터 7시 30분까지 시청하는 형태였다. 따라서 TV가 한 교도소당 250~350대가 필요하지만 예산이 없어서 각 교도소가 자체적으로 마련해야 했다. 여기저기서 의뢰받은 TV가 20대가 넘었다. 대책 없이 부탁을 거절하지 못한 것이 후회도 되었지만 기도하면서 내일은 후원 회장님께 사정을 말씀드려야지 생각하며 잠을 청했다.

새벽녘에 전화벨이 울려 받아보니 미국에서 걸려온 맹 권사님의 전화였다. 1960년대 중반, 미국으로 이민하신 맹 권사님 가족은 이민 초기에 너무나 힘든 삶을 사셨단다. 햄버거 하나로 하루를 버텨야 했지만 하나님이 우리 가족과 함께하신다는 믿음으로 그 어려움을 극복하셨다고 한다. 그러한 어려움 속에서도 매일 1달러씩은 하나님의 것으로 떼어 따로 모아놨는데, 전에 LA 한인교회 목사님이 말씀한 사계절 공동체가 떠올라 전화를 하셨다고 한다. 그 돈 만 달러를 보내주시겠단다. 하나님이 주신 이 귀한 재물로 TV를 사 교도소에 보내 많은 재소자가 그 TV를 보고 교도소 생활을 알차게 보내고 있다.

2000년대 미주 한인교회의 초청으로 LA를 방문한 적이 있다. 한국인의 이민 역사를 그려놓은 역사박물관에 갔는데, 제일 먼저 눈에 들어온 것이 교회였다. 백인들의 은근한 차별, 흑인들 다수의 횡포 등. 초기 이민자들은 모든 어려움을 교회와 성령님의 위로를 통해서 이겨냈고, 지금은 세계 어느 민족보다 앞서는 일등 시민으로 LA시를 이끌고 있다.

출소자 공동체 리더로서 부러웠던 것은 공공기관에서 출소자 재범 방지 프로젝트와 사회 정착을 위한 프로그램을 운영하는 것이었다. 첫 번째는, 출소자가 '세상에 나 혼자가 아니다. 나를 도와줄 이웃이 있다.'라는 느낌을 주는 제도다. 두 번째는, 철저한 적성검사를 통해 출소자가 좋아하는 직업을 알선하는 것이다. 재범을 방지하려면 알선받은 일을 통해서 사회 복귀의 희망을 품게 해야 한다. 우리의 출소자 취업 알선을 보면 대부분 최저임금으로 적성을 고려하지 않고 내몰기 때문에 안타깝게도 실패가 거듭되고 있다. 세 번째는, 재범으로 인한 국가적인 비용을 재범 예방을 위해 사용한다는 것이다. 이 제도의 첫 번째 수혜자는 출소자다. 두 번째 수혜자는 출소자의 사건 피해자들이다. 이들의 대부분은 평범한 삶을 사는 우리의 이웃들이다. 세 번째 수혜자는 우리 사회다. 우리가 내는 귀한 세금이 좋은 곳에 쓰이기 때문이다.

부러운 마음을 안고 권사님의 인도에 따라 한인교회 순회 집회를 마치고 귀국하며 미국 땅에서도 하나님이 함께하시므로 담대히 살아갈 수 있게 해주심에 감사를 드렸다. 이후 내게 비록 여건은 어렵지만 최고의 방법을 찾아 실천하는 습관이 생겼다.

🌱 [여덟 번째 천사]

우리 공동체가 답십리 뚝방촌 판잣집으로 이사할 때 큰 도움을 주신 천사님을 소개하고자 한다. 구매한 판잣집이 너무 허술해 거의 다시 지어야 하지만 큰돈이 필요해 이사하지 못하고 있었다. 이때 고물상을 하시는 천사님이 나타났다. 그동안 모아 두었던 건축자재를 무상으로 주시고, 몸소 판잣집 수리를 해주셨다. 이 일을 계기로 공동체 식구를 고물상에 취업시켜 물건을 구별하는 일, 가격 등을 가르쳐 후일 자영업을 할 수 있게 키워주기로 약속하셨다. 1990년대 초에 다시 빨래골로 이사할 때도 이 천사님은 자재는 물론이고 뜻이 맞는 친구들을 모아 집수리도 도와주셨다. 그동안 천사님의 가르침으로 4명의 공동체 식구 중 2명이 고향으로 돌아가 고물상을 개업해 소상공인으로 열심히 살아가고 있고, 또 다른 2명은 청량리 청과 도매 시장에서 어려운 후배들을 도우며 살고 있다. 가을에는 사계절 공동체와 공동으로 김장 봉사를 해 어려운 이웃에게 사랑을 나누는 선행을 베풀기도 하셨다. 알고 보니 일상생활이 나눔이다. 사랑은 나눌수록 커지는 것을 아시는 천사님으로, 사무실에 컵라면을 사두시고 점심을 거르고 손수레에 폐지 더미를 싣고 오는 할머니들에게 나누어 주신다. 또 몸이 불편한 이웃을 남몰래 도와주시는 정말 숨은 천사님이시다.

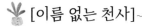 [이름 없는 천사]

"전도사님 건강은 어떠세요?

약은 드셨어요?"

이모티콘으로 커피, 크리스마스 케이크, 무더위가 심할 때는 수박 화채 등을 보내는 후배 집사가 있다.

그는 서기관으로 정년퇴직하고 요양보호사 자격증을 취득했다. 장애인, 독거노인 등 주로 어려운 계층의 요양급여 대상자들을 골라 사랑으로 케어하는 무명의 봉사자로, 요즈음은 사회복지사 공부를 하고 있다. 정말이지 보기 드문 순수한 하나님의 종이다.

1980년대 중반, 9급 공무원일 때 처음 만났는데, 수사기관에 근무하는 공무원이 아니라 어디 보건소나 면사무소에 근무하는 친근한 동생 같았다. 그는 근무 관청에서 규정에 어긋나지 않는 범주 안에서 어려움에 처한 민원인들을 도와주었다.

어느 때는 사비를 털어 민원인을 도와주다가 아내에게 힐난을 듣기도 했다. 세월이 흘러 고향에 계신 그 후배의 부모님을 찾아 뵙게 되었다. 아버님은 시골 교회 장로님이시고, 어머님은 권사님이셨다. 후배 집사의 성정이 모태 신앙으로부터 나온 것임을 알게 되었다.

부모님을 일찍 여읜 나는 그런 부모님이 계신 후배가 부럽기도 하고, 또 후배 부모님이 존경스러웠다. 그 후 장로님은 늦가을이 되면 농사지은 땅콩을 보내주셨고, 나를 자식인 양 챙겨주셨다.

나도 장로님과 권사님을 자주 찾아뵙고 건강에 좋은 식품을 대

접하며 더욱 후배 집사와 친동생 같은 삶을 이어갔다.

2017년 여름, 권사님이 치매에 걸리셨다는 소식에 후배와 같이 시골에 갔다. 그렇게 건강하고 자애로우시던 권사님의 변하신 모습을 보고 가슴이 아려왔다. 권사님을 간병하시느라 장로님도 지쳐 계셔서 안쓰러운 마음이 들었다. 후배에게 두 분의 평안한 마지막을 위해 귀향을 권했다. 내가 이 후배와 인연이 되어지금까지 친형제보다 더 가까이 지내게 된 것은 하나님의 은혜로, 믿음 안에서 혈육보다 더 깊은 정을 끈끈하게 이어올 수 있었다.

대부분 교회 내에서 친근함의 표현으로 형제님, 자매님이라고 부르지만 그렇게 와 닿지는 않는다.

나는 어려울 때마다 해답을 구하기 위해 기도원을 찾는다.

요즈음은 차 트렁크에 오리털 침낭을 여러 개 넣고 다닌다.

처음 기도원을 찾았을 때는 한참 겨울이었다. 경험이 없던 나는 달랑 성경책 한 권만 들고 갔다. 낮 집회 시간에는 찬송 부르고 설교 말씀 듣느라 추운 줄을 몰랐는데, 저녁이 되자 상황이 달라졌다. 강당에 피워 놓은 난로 하나에 수많은 사람들이 몰려들어 근처에도 갈 수 없었다. 주위를 둘러보니 여기저기서 담요 등을 펴고 취침 준비를 하는 사람들이 보였다. 그들은 강대상 근처 등에 좋은 자리를 재빨리 차지하고 있었다. 그곳에 가져 온 담요를 여러 장 깔아 호텔 스위트룸의 침대같이 만들어 놓고 코를 드르렁 골며 잠에 빠져 들고 있었다. 낯선 풍경이었다.

나 같은 초보자나 아니면 예수님의 고통을 배우려고 일부러 견디는지 모르는 몇몇 사람만 추위를 이기려고 복도를 이리저리 오가며 주기도문을 웅얼거리기도 하고 기도도 했다.

"예수님 너무 춥고, 배도 고픕니다. 예수님 그 힘든 십자가의 고통을 어찌 견디셨습니까? 나 같은 죄인은 죄의 대가로 고통을 견뎌야 하지만 주님은 내 죄를 대신 지셨는데, 어떻게 큰 고통을 견디셨습니까?"

너무 추워 교회당으로 들어가다 몇 겹의 밍크 담요를 덮고 잠을 자는 사람들이 얄미워 보이기까지 했다.

그 이튿날, 산에서 내려오자 나는 등산용품점에 들러 오리털 침낭 다섯 개를 구입했다. 이후 항상 트렁크에 가지고 다니며 초보 기도자나 침낭을 미처 준비하지 못해 추위에 떠는 형제님, 자매님들에게 빌려주었다. 침낭이 매개체가 되어 70이 넘은 지금까지 교분을 나누는 장로님도 계시다.

이렇게 하나님 안에서 맺어진 형제자매가 육신의 형제자매와 동일 선상에 있어야 되는 것이 아닌가?

후배 집사 천사는 남들 보기에는 어디가 좀 부족한 사람처럼 보인다. 하나님 안에서 한번 꽂히면 바보스러울 정도로 예수님이 보여주신 사랑을 실천하기 때문이다.

어느 때는 "장 집사, 그만하면 할 만큼 했어. 하나님도 장 집사의 그 정성을 기억해 주실 거야."라며 무리한 봉사를 만류도 한다.

여기서 그가 베푼 내용을 구체적으로 설명하지 못하는 것은, 그가 익명의 천사 소개조차 하늘 상급을 미리 알리는 것이라고 극구 반대해서다.

나는 오늘도 기도드린다.

우리 사계절 공동체는 예수님이 만드셨고, 하나님이 천사들을 보내주셔서 그 천사들의 후원으로 운영했다. 힘을 보탰던 많은 사람들은 주의 종으로 주님의 지시를 따르려고 노력했던 도구에 불과하다.

이 세상에는 이 후배 집사와 같이 왼손이 하는 일을 오른손이 모르게 하라는 성경 말씀을 우직하게 지키며 실천하는 천사들이 많다.

하나님께서 이런 숨은 천사들에게 큰 상을 주시리라 믿는다.

내가 만난 오네시모들

🌱 [첫 번째 오네시모] ∼∼∼∼∼∼∼∼∼∼∼∼∼∼∼∼∼∼

전북 마이산 아래 한적한 시골 마을에 40대 젊은 부부가 자녀 둘(아들 하나, 딸 하나)을 두고 넉넉하지는 않지만 행복한 삶을 살고 있었다.

부부는 딸기 농사를 지으며 자녀들의 뒷바라지도 열심히 해서 아들은 지역 중학교에서 일, 이등을 다투며 동네에서도 주목을 받고 있었다.

고등학교는 도청 소재지에 있는 명문 고교로 유학을 갔다.

일요일 오후, 부모님이 챙겨주신 일용품을 들고 하숙집으로 가 일주일을 공부하는 유학생 생활은 행복했다.

겨울 방학을 앞둔 어느 날 새벽, 고향집에 화재가 나 집이 전소되었다는 전화 연락을 받고 집으로 갔다.

화목 보일러 과열로 한순간에 초가삼간이 전소되어 부모님, 여동생 모두 빠져나오지 못하고 사망하고 말았다.

졸지에 고아가 된 그는 학업을 중단하고 친척집을 전전하며 허드렛일을 하게 되었다. 축사를 치우던 어느 날, 교복을 입고 학교에 가는 친구들을 보며 눈물을 흘리다 집을 뛰쳐나와 나쁜 친구들과 어울려 방탕한 생활을 했다.

어울리던 친구들과 서울로 장소를 옮겨 더 나쁜 무리들과 어울려 끝내 강도질을 하다 붙잡혀 징역 5년을 선고받고 감옥 생활을 했다.

이 친구에게 감옥은 잘못 산 삶을 반성하고 새로운 삶을 준비하는 곳이 아니라 자신의 처지를 비관하고 자신의 곤궁한 처지가 자신의 잘못이 아니고 갑작스러운 가족의 죽음, 사춘기 소년이 홀몸이 되어 세상에 버려졌다는 외로움, 정신 차릴 틈도 없이 될 대로 되라는 심정으로 산 삶의 끝인 것이다.

한때 바르게 열심히 사는 삶을 살려고 한 적도 있었다.

하지만 같이 공부하던 친구들은 고등학교를 졸업하고 군대를 제대하고 사회인이 되었는데, 왕별을 하나 달고 다시 시작하려니 암담하기만 했다.

어떻게 하다 보니 또 감옥에 와 있었다.

삶에 희망이 없었다. 전도를 하다 보면 기독교인들의 일탈을 말하는 친구들을 자주 만난다. 또 과거에 성경 말씀에 감동을 받아 교회 생활을 열심히 했던 친구들이 교인들에게 상처를 받아 교회와 절연했다는 얘기도 듣곤 한다.

이럴 때 이 책을 읽는 여러분은 어떤 말로 상처받은 이들의 믿음을 되돌릴 수 있을 것인가?

이런 질문에 대부분의 성도님들은 사람을 보고 교회를 보고 믿음 생활을 하는 것이 아니라 말씀을 믿는 것이라고 말한다.

맞는 말이다. 하지만 그 말씀을 전하는 곳이 교회고, 목사님이다.

평신도의 잘못된 믿음도 개인에게는 큰 불행이지만 목회자의 편향된 믿음 또한 평신도의 믿음을 크게 망칠 수도 있고, 하나님의 귀한 자녀로 안착시키는 데 방해가 될 수도 있음을 명심해야 한다.

1990년대 초에 우후죽순 생겨난 출소자 공동체가 1994년에 거의 문을 닫고 없어진 이면에는 적당히 힘든 출소자 선교회를 운영한다고 광고해 얻어지는 재물로 자신의 부유한 삶을 생각했다가 자신을 희생하는 모범의 전도를 하지 않으면 안 된다는 것을 깨닫고 포기했기 때문이라 생각된다.

CBS 선교 방송을 보니 터키의 한 지역에서 한국인 파송 선교사 1명과 독일인 목사님 1명, 터키에서 예수를 믿는 터키인 성도 3명 이렇게 5명이 이슬람교도들에게 살해되는 사건이 있었단다.

이처럼 목숨을 건 전도를 어떤 목회자가 선뜻 나설 수 있을까?

지금 이 시간에도 이슬람 극단주의자들이 지배하는 지역에서 전도하고 있는 하나님의 종들이 무사하길 주의 이름으로 구해본다.

다시 5년의 교도소 생활이 시작되었다. 어떤 이에게는 그 5년이 새로운 삶을 준비하는 귀한 시간이 되기도 하지만, 어떤 이에게는 절망 속에서 나를 외면하고 버려서 힘들게 했던 사람들에 대한 복수를 준비하는 시간이 되기도 한다.

자연히 그들의 교도소 생활은 엉망이다. 이런 재소자들에게 지금도 늦지 않았으니 지금부터 시작해도 얼마든지 새로운 삶을 살 수 있다는 희망적인 생각을 가질 수 있는 기회를 줘야 한다.

이 친구는 '어떻게 하면 다른 재소자들보다 편한 재소자로 징역을 살 수 있을까?'를 모색했다.

세상에서 돈 많은 사람은 좋은 차도 사고 운전기사도 두고 가정부도 고용해 흥청망청 살 수 있다.

감옥에서도 별반 다르지 않다. 돈만 있으면 세탁해 주는 사람을 구할 수 있고, 안마받는 시중을 받을 수도 있다. 그러니 돈 없는 재소자는 상대적으로 힘든 수형 생활을 할 수밖에 없다.

궁리 끝에 이 친구는 꼴통이 되어 직원들로부터 열외자로 인정받는 길을 선택했다. 허나 돈도 뒷배도 없는 그가 열외자로 인정받기란 오롯이 그 과정을 몸으로 견뎌내야 하는 목숨을 건 모험이다.

나는 행패를 부리고, 동료들과 싸우고, 제지하는 교도관에게 대들고 하는 과정에서 그 친구를 만났다.

나도 그런 과정을 경험했기에 그의 마음이 이해도 되었지만 이런 생활이 얼마나 무모한 것인지 또한 잘 알고 있기 때문에 어떻게든 설득해서 그의 생각을 바꾸게 해야 했다.

과거 삼청교육대에서의 일, 청송에서의 암흑 같은 생활이 예수님을 만남으로 천국으로 변한 경험을 전하며 당신도 그 체험을 할 수 있게 되기를 기도하겠다고 했다.

몇 달 후 그에게서 편지가 왔다. 천자문 책과 성경 공부에 도움이 되는 책을 보내 달란다.

내가 지금부터 해야 할 일은 "그를 붙잡아 주셔서 하나님의 아들로 삼아주시고 믿음의 자식으로 살아가가게 해주십시오."라고 기도하는 것과 그가 필요로 하는 최소한의 물품들을 제공해 하나님이 이수영 전도사를 통해 자신을 사랑하신다는 것을 느끼게 하는 것이라 확신했다.

그를 참 하나님의 아들로 키우는 것은 하나님에게 맡기면 된다.

하나님을 만난 그 친구는 엉망으로 보낸 세월을 회개하고 하루하루를 하나님의 뜻대로 살려고 노력했다.

하루 종일 하나님의 사랑에 감사하며 살았다. 한순간에 지옥 같은 감옥이 천국으로 변하고, 그의 삶에 생기와 희망의 모습이 보였다.

하루는 성경을 정독하고, 하루는 동료들과 출소 후 삶을 토론하며 전과자지만 새로운, 지금까지와는 정반대의 삶을 살아보자고 다짐했다.

이처럼 하나님은 성령님을 보내셔서 꼴통 친구의 삶뿐만 아니라 그의 감방 동료들까지도 말씀으로 변화시켜 주셨다. 5년여의 교도소 생활을 하는 동안 그가 보인 삶을 통한 전도에 감동해서 하나님을 영접해 새롭게 세상을 사는 전과자가 얼마나 많을 것인가?

그는 출소 후 삶을 위해 매일매일 노력한 결과, 신학을 공부하며 하나님의 종이 되었다.

전도사로 시무 중 그 교회에 있는 장애 여전도사와 결혼해 자녀도 낳고 완전히 하나님의 사랑으로 뭉친 가정을 꾸리고 있다. 특히 교회에 고아나 소외받는 사람들을 위한 특별관을 만들어 지역주민의 사랑방 역할을 하는 교회로 이끌고 있다.

🌱 [두 번째 오네시모]

오네시모로 소개되는 유일한 홍일점이다.

지금은 주식회사의 실질적인 소유주로서 많은 수익을 올려 그 수익으로 사회봉사도 많이 하고 한 가정의 아내로 행복한 삶을 살기에 최대한 이분이 특정되지 않도록 무기명으로 한다.

당시 살인죄는 계획적으로 악랄하게 저질렀을 때 받는 형량인데, 그녀는 살인 미수죄로 15년을 선고받고 복역 중이었다. 그녀의 사연인즉, 힘들게 벌어 모은 돈으로 수년간 사랑하는 사람의 뒷바라지를 했는데, 그가 대학을 마치고 대기업에 취직하자 그녀를 배신하고 다른 여자를 만나기 시작했다.

그의 마음을 되돌리려 사정도 하고 읍소도 해보았으나 한 번 떠난 그의 마음은 냉랭했다.

오히려 그가 어려울 때 고마워하고 예뻐했던 사실이 그녀를 비난하고 질책하며 절연하게 된 원인이었다고 우겨 댈 때는 정말 죽이고 싶었단다.

지방 법원에서 10년 형을 선고받고 너무 무거운 형이라 항소를 했지만 고등 법원에서 오히려 형량을 올려 15년 형을 선고했다. 그 이유는 피해자가 남성으로서의 기능을 영원히 상실했기 때문에 살아 있어도 사는 게 아니기 때문이라는 것이다.

판사가 마지막으로 할 말이 없느냐고 묻자 그녀는 다음과 같이 진술했다.

"판사님! 그럼 저는요. 지난 5년간 피해자의 감언이설에 정신을 빼앗겨 온 정성을 다해 10여 년 직장생활을 하며 모은 돈으로 대학 등록금, 학자금, 하숙비, 교통비, 용돈 등에 다 쏟아 붓고 게다가 피해자인 아들이 보내는 것 같이 해서 고향에 계신 그의 부모님 병원비까지 보내드렸는데, 대학을 졸업하고 대기업에 취직을 하자마자 배경 좋은 여자를 선택하고 절연을 선언했습니다.

그냥 제 삶을 포기하려고도 했습니다. 그러나 그는 또 이용 가치가 떨어지면 두 번째 여자도 버리고 다른 여자에게 갈 것이 분명합니다. 그래서 이 일을 저질렀습니다. 저도 제가 이렇게 죄인의 몸으로 법정에 서게 되리라곤 생각도 못했습니다. 이런 현실이 꼭 꿈을 꾸고 있는 것 같습니다."

그리고 대법원에서 15년 형이 확정되어 교도소 생활을 시작했다.

처음에는 무료한 시간을 때우기 위해 시작한 컴퓨터 공부가

1년, 2년이 지나자 전문가 수준으로까지 실력이 향상되었고, 10년이 지나자 세계적인 보안 회사의 프로그램을 해킹할 수 있는 수준으로까지 발전했다.

그동안 우리 공동체는 그녀가 필요로 하는 생필품을 보내주고 방문 시 특별 면회를 해 그녀를 격려해 주었다.

출소 3년을 앞두고 법무부 장관님께 청원서를 내 가석방 처분을 받게 되어 출소할 수 있었다.

그때 우리가 설립한 빌립보교회에 출석해 재소자 가족들을 위로하는 봉사도 하며, 교회와 공동체에서 받은 사랑을 되돌려 주려고 열심히 빚을 갚는 생활을 했다. 교회 생활 1년여가 지날 무렵, 그녀에게도 좋아하는 사람이 생기고 결혼을 약속하기에 이르렀다. 마침 신랑 될 사람의 어머니가 독실한 기독교인이라 같이 빌립보교회에 출석했다.

6개월 후 교회에서 결혼식을 올렸다.

결혼 후 시어머니, 시누이와 같이 우리 교회를 섬기던 중 내게 은밀하게 다가와 "전도사님, 정말 미안한데 불안해서 더 이상 빌립보교회에 나오지 못하겠습니다. 은혜받으러 온 교회에서 시어머니, 시누이 눈치를 살피느라고 정신이 없어 예배시간이 어떻게 지나가는지도 모르겠고 예배가 끝나고 집으로 돌아가는 차 안에서야 비로소 '오늘도 무사히 지나갔구나!' 하고 안심합니다. 집 근처 나의 과거를 모르는 교회로 옮기겠습니다. 허락해 주십시오." 한다.

"미안해요. 사실, 나도 그 문제 때문에 고민을 하고 있었어요. 내가 먼저 얘기를 했어야 했는데……. 다음 주부터 다른 교회로 가세요."

그렇게 그녀를 떠나보냈다. 이 일로 목사님과 언쟁이 있었다.

이후 그녀는 교도소에서 배운 컴퓨터 실력을 활용해 남편과 함께 인쇄 일을 시작했다. 점점 사업체를 키우더니 그 지역에서 제일 큰 광고기획사로 성장해 남편을 사장에 앉히고 자신은 기획실장으로 회사를 이끌고 있다.

또 매년 연말에는 회사 수익 중 하나님의 몫을 떼어 후배들을 위해 사용하라고 교회에 헌금하고, 어려운 이웃을 위한 봉사활동도 하고, 자녀를 훌륭히 양육하며 살고 있다.

그녀와의 일화를 소개하고자 한다.

처음 그녀가 명함 주보 등을 인쇄할 때 우리 교회 주보 등을 주문하면 인쇄를 마치고 찾아가라고 연락을 해 가게에 가서 찾아왔는데, 가게가 번창하고 직원이 늘자 어느 날부턴가 그녀가 직접 가지고 오든가 회사 근처 커피숍에서 인쇄물을 건네주었다.

여기까지가 하나님의 종으로서의 임무다. 이후는 그녀가 주님 안에서 잘 살기를 열심히 기도하며 그녀도 모르게 관심을 가지고 살펴보는 것이 내 임무라고 생각하고 있다. 지금도 조용히 이름을 부르며 중보기도를 드린다.

🌸 [세 번째 오네시모] ~~~~~~~~~~~~~~~~~~~~~~~~~~~~~~~~~~~~

그는 전과 5범이다. 나는 그를 맥아더 원수라고 놀렸다.

21살에 별 하나를 달았고, 3년을 복역하고 출소해 홀어머니가 운영하는 팥죽 가게에서 잔심부름을 하는 아가씨와 눈이 맞아 덜컥 임신을 시켜놓고 또 사고를 쳐 두 번째 별을 달았다.

어머니와 아내는 매일 근처 절에 가 이번에는 아들이 부처님의 공덕으로 꼭 새사람이 되어 나오게 해달라고 108배를 드렸다.

그는 2년의 교도소 생활을 마치고 출소했다. 아내는 딸을 낳았고 어머니의 팥죽 가게는 그런대로 장사가 되어 먹고 사는 것은 걱정이 없었다.

문제는 이 친구가 마음을 잡고 새로운 삶을 살기만 하면 되는데…….

도무지 정신을 차리지 못했다.

그럴수록 어머님과 아내는 공덕이 부족했다며 시간을 쪼개 부처님께 빌러 다녔다. 1년여를 팥죽 가게에 빌붙어 빈둥거리다 아내를 임신시켜 놓고 또 세 번째 별을 달게 되었다.

어머니와 아내도 포기했는지 편지에 답장을 끊었고 2년을 살고 출소한 그를 내쫓고 고향 근처에 발도 붙이지 못하게 했다.

세 번째 출소 후 채 한 달도 지나지 않아 또 범죄를 하여 사성 장군이 되었다.

그나마 잠시 잠깐 잘못 살아온 삶을 후회하며 이번에 나가면 잘 살아 봐야겠다는 생각을 하기도 했었지만 이제는 자신을 외면하는 노모와 아내를 원망하며 될 대로 되라고 자신을 학대했다.

자연히 수형 생활도 엉망이고 징벌을 자주 받아 담 안에서도 요시찰 수형자가 되었다.

어느 날, 감방장 자리를 놓고 다투던 라이벌과 큰 싸움 끝에 상대에게 큰 상처를 입혀 상해죄로 추가 2년 징역형을 받아 드디어 별 다섯 개가 되었다.

형기를 마치고 사계절 공동체에 온 그에게 자꾸 사고를 치는 이유를 물어보니 모든 것이 내 잘못이 아니고 일찍 돌아가신 아버지 탓, 가난 탓, 어머니의 무능 탓으로 생각하고 그들이 미워 혼내주려 하다 보니 자신의 삶에 대한 계획이나 열정을 불태울 수 없었단다.

지금부터 매일매일 별 다섯 개를 달기까지 자기가 무엇을 잘못하고 살았는지 어머니, 아내, 특히 두 자녀에게 아들로서, 남편으로서, 아빠로서 역지사지해 그들 입장에서 반성문을 써내라고 했다. 그것을 보고 입소를 결정하겠다고 말했다.

며칠을 두문불출하고 써온 반성문을 보니 마지못해 쓴 것 같아 그를 붙잡고 내가 사춘기 때 겪은 얘기를 들려주며 "당신 어머니, 아내는 차치하더라도 당신 아이들이 당신과 같이 아버지를 원망할 때를 생각해 봐. 지금부터라도 아들로, 남편으로, 애비로 열심히 살겠으면 나하고 같이 살자."고 했다.

이 글을 쓰는데 문득 언젠가 본 '해바라기'라는 TV극이 생각났다.

당신 아들을 죽인 혐의로 10년 형을 받은 태식이를 수양아들로 삼아 변화시킨 어머니 얘기다.

교도소에 있는 수형자들을 보면 의외로 단순한 면이 있다.

어떤 일을 계기로 영화에 나오는 태식이가 개차반으로 잘못 살았던 삶을 벗어던지고 변화된 삶을 사는 것처럼, 이 친구는 별을 셀 수 없이 많이 단 전과 23범인 호죽이라는 노인이 "예수 믿고 구원 받으세요. 늦으면 후회합니다."라는 말을 유언으로 남기고 떠날 때는 이 늙은 빵재비가 미쳤나 했는데, 지나고 나서 그때 호죽이라는 노인의 마지막 전도를 깨닫지 못했음을 눈물로 회개했다.

이후 이 친구의 삶은 몰라보게 달라졌다. 새벽에 일어나 공동체 앞의 눈을 치우고 동네 앞길까지 깨끗이 청소하기 시작하더니 새벽 기도를 드리는 사무실 구석에 앉아 눈물을 흘리며 회개 기도를 드렸다.

1년 후 살수차를 가지고 고향에 돌아가 어머니, 가족들과 함께 예수 믿으며 작은 교회를 세워 지금은 장로님의 직분을 성실히 수행하며 살고 있다.

가끔 "전도사님, 저 이렇게 살고 있습니다. 한번 다녀가십시오." 하며 한껏 자랑을 한다.

사람들은 각자 행복한 삶을 살기 원한다.

어떤 이는 좋은 집을 갖는 꿈을 위해 노력하고, 어떤 이는 좋은 차를 사기 위해 저축하고, 어떤 이는 예쁜 아내와 사는 것을 행복이라고 믿고 열심히 노력한다.

우리 예수 믿는 사람들의 행복 중 최고의 행복은 하나님이 성령님을 통해서 주시는 행복이라고 확신한다.

이 행복을 체험할 때 좋은 집, 새 차, 세상 사람들이 그렇게 좋아하는 돈이 세상을 사는 데 필요한 것 중 하나지, 진정한 행복이 아니라는 것을 깨닫게 된다. 하지만 그렇게 되기까지 너무나 오랜 세월을 보내고 큰 대가를 치르기도 한다.

이처럼 예수 믿는 우리는 성령님을 모시고 살 때 부자, 권력자, 그 어떤 것을 누리고 사는 것보다 행복하게 살 수 있다.

[네 번째 오네시모]

경인 지역에 있는 이 교도소에는 전국 교도소에서 형이 확정된 재소자들이 제일 선호하는 징역살이 출역 장소가 있다.

왜 이 교도소 작업장에서 징역살이를 하고 싶어 할까?

우선 서울에서 가까운 곳에 있기 때문에 가족들과 소통이 용이하기 때문일 것이다. 무엇보다 이 작업장에서는 1년에 절반, 그러니까 6개월 동안 불을 사용할 수 있다.

교도소에서 불을 쓸 수 있다는 것은 특혜 중에 특혜다.

원예 작업장이다.

각종 꽃이 자라기 때문에 보온을 위해 난로가 있고 온실로 출역을 하면 감시가 덜하고 난로에서 각종 요리를 해먹을 수도 있는,

그야말로 가진 재소자들이 특급으로 원하는 징역살이 장소다.

전직 연예인, 정치인, 돈 많은 부자 등 내로라하는 사람들 중 선택받은 이들이 이곳에서 징역살이를 하다 특별 사면, 가석방 혜택을 받아 일찍 석방이 되는 엘리트 코스다.

이 친구가 모두 가고 싶어 하는 원예에서 수형 생활을 할 수 있었던 것은 농업 고교를 졸업하고 화훼 농가에서 일한 경험이 있었기 때문이다.

가난한 어린 시절, 이웃 부잣집 아이들과 비교당하는 것이 싫어 무작정 서울로 와 수단 방법을 가리지 않고 돈을 벌려고 설치다 교도소 생활까지 하게 되었다.

이 친구가 3년여의 징역살이를 마치고 사계절 공동체로 왔다.

자신의 원예기술로 사계절 공동체 식구들이 바로 설 수 있는 사업의 한 축을 만들고 싶다고 피력했다.

임대한 비닐하우스 온실에 꽃 화분을 채워 넣고, 공동체 식구들과 같이 사무실 등에 화분을 임대해 주는 사업을 시작했다. 성실하게만 하면 출소자 자립 갱생에 아주 잘 맞는 사업이라고 판단해 적극적으로 지원했다.

1년에 한 명씩 꽃집을 개업해 자립시켰는데, 자립해 나간 지 10여 년 후 이 친구는 한 달 매출 3,000만 원이 넘는 소상공인이 되어 새로운 삶을 살고 있다.

출소자 공동체의 제일 목표는 식구들에게 자립할 수 있는 여건을 만들어서 독립해 가족에게 돌아가게 하는 일이다.

이런 측면에서 이 친구는 후배들을 위해 하나님 안에서 큰일을 했다.

어떤 공동체는 말 잘 듣는 출소자들을 장기간 공동체에 붙잡아 두기를 원했다.

허나 이것은 공동체만을 위한 일이지 출소자들에게는 잘못하는 일이다.

공동체의 리더가 중요한 것은 바로 이런 이유에서다.

[다섯 번째 오네시모]

영등포에서 교회를 할 때다. 교인들 대부분이 재소자 가족들이다.

그들은 살면서 파출소에도 가보지 않던 사람들이지만 어느 날 갑자기 남편이, 자식이 구치소에 구속되었다는 통보를 받고 면회를 하려니 무섭고 떨려서 힘들었다고 고백했다. 그래서 화요일은 남부구치소, 수요일은 동부구치소, 목요일은 서울구치소 민원 봉사실에서 자원봉사를 시작했다.

오전 10시, 보온 통에 끓인 물을 붓고 커피, 녹차 등을 준비해 가지고 가서 한 분 한 분 나누어 드리고 낯선 면회 신청 절차 등을 안내해 드렸다.

면회 온 재소자 가족들에게는 사연도 가지가지다. 그들의 사연을 들어주는 것도 봉사 중 하나다.

그러던 중 동부구치소 면회장에서 한 젊은 아낙네를 만났다.

30대 후반의 여인이었는데, 갓난아이는 업고 다섯 살 정도 되어 보이는 아이 손을 잡은 채 하염없이 울고 있었다.

사연인즉, 건축업을 하는 신랑이 1억 5천만 원에 주택 건축을 맡아 공사를 진행했다. 신랑은 계약금 5천만 원을 받고 공사를 진행했고 공사가 끝났지만 잔금 1억 원을 받지 못해 돈에 압박을 받아왔다.

인부들은 매일 찾아와 돈 달라고 보채지, 자재를 대준 업자 역시 어려움을 호소해 매일매일이 힘든 나날이었다.

건축주를 찾아가서 얘기하면 "일주일만 기다려 달라. 내일 돈이 될 것 같다." 하며 차일피일 미루다 흘러간 시간이 3개월.

마지막으로 전세금을 받아 잔금을 주겠다는 약속을 믿고 기다렸는데, 이 약속 역시 지켜지지 않았다. 이처럼 기약도 없이 미뤄지는 데 대한 분노 때문에 잠시 이성을 잃고 건축주에게 상해를 입혀 구속이 된 것이다.

난생 처음 교도소에 와 면회를 할라 하니 무섭고 두려워 울고 있었단다.

중형을 받은 아들을 둔 권사님의 인도로 우리 교회에 와서 서로의 아픔을 얘기하고 위로를 받고 갔다.

매일매일이 지옥 같았던 아내는 같은 처지의 우리 교회 교인들의 위로를 받고 밖에서 아이들을 돌보며 남편의 건강을 기도하고 하나님께서 훗날 큰 행복을 주시기 위해 단련시켜 주심을 깨닫고 절망에서 희망의 삶으로 바뀌었다.

나는 만나는 누구에게나 매일 성경을 정독하기를 권고한다.

처음에는 아무 의미 없이 지나가던 구절이 어느 날, 성령님이 직접 내 안에 오셔서 내 삶을 이끌어 주는 생명의 말씀으로 느끼게 해주시기 때문이다.

교회에서는 피해자를 설득해 합의를 시도하고, 그간의 경위를 설명하는 탄원서를 재판부에 제출했다.

6개월 재판 끝에 신랑은 건축비 잔금 1억 원 중 8천만 원을 받고 집행 유예를 선고받고 출소했다.

놀라운 것은 피해자인 건축주나 가해자 가족 모두가 예수님을 구주로 모시는 크리스천 가족이 되었다는 것이다.

우리 교회는 이처럼 극한 절망의 순간에 하나님이 예수님을 보내셔서 우리를 구원해 주심을 전해 그들도 예수님을 구주로 모시게 한다.

교회와 전도사의 임무는 믿지 않는 사람들이 자신을 비관하고 주위 탓을 하며 절망할 때 그들을 예수님께로 인도하는 일이다.

그리고 말씀을 통해서 그들이 하나님의 자녀로 살아가게 도와줘야 한다.

 [여섯 번째 오네시모]

교도소에서 통신 신학을 하고, 신학교에 편입학하려는 출소자가 공동체에 찾아왔다.

처음부터 나는 그가 걱정되었다. 왜냐하면 출소자가 목회자가 되는 것은 정상적인 과정을 거쳐 신학을 한 목회자와는 가는 길이 다르기 때문이다.

어느 교회에 다니던 집사님이 기도 중에 은혜를 받아 신학을 하려고 담임 목사님께 상의를 했는데, 극구 말리는 것을 뿌리치고 신학교를 다녀 전도사가 되었다.

본 교회에 나가니 전에 부르던 대로 집사님으로 부렸다.

하물며 출소자가 목회자가 된다고 해서 누가 인정해 줄 것이며 더군다나 그가 사역할 교회는 어디에도 없다.

가끔 교도소 집회에 초청을 받아 참석을 할라치면 준비해야 할 것이 한둘이 아니다. 우선 집회에 참석하는 숫자대로 재소자들이 고대하는 선물을 준비해야 한다. 400~500명 분의 선물을 준비하는 데 150여만 원, 한 번 교도소 집회하는 데 200여만 원이 든다. 이 돈을 오롯이 목회자가 마련해야 한다.

또 하나는 평신도의 믿음과 목회자의 믿음에는 그 무게의 차이가 하늘과 땅처럼 크다고 생각한다. 그 이유는 신앙은 도덕 윤리를 지키며 사는 것과는 많이 다르기 때문이다. 성경 말씀 중 실천하기 어려운 말씀부터 목회자는 모범을 보여야 하기에 어려운 일이요, 목회자의 삶이 일반 성도들에게 잘못 비치면 그 파장이 어마어마하기 때문이다. 지금까지 신학대학, 신학교, 신학원 등 전도사 양성기관이 교회마다 하나씩 생겨 1년에 세상에 나오는 목회자가 수만 명은 될 성 싶다. 염려와 걱정이 되지만 지켜 봐 주는 일이 전부다. 1년여 그가 공부를 마치고 귀향할 때 기대 반, 걱정 반의 마음으로 당부의 말을 주고받고 훗날을 기약하며 헤어졌다.

6년이 지난 2019년, 그가 있는 지방을 방문했다. '쉬어가는 교회', 교회 이름부터 신선했다. 교회 시설이 있고 강대상이 있고 교인들이 줄 맞춰 앉아 있는 그런 교회가 아니라 삥 둘러 앉아 담소를 나누는 마을 노인정 같았다. 점심시간이 가까워지자 채소를 들고 오는 사람, 콩나물을 들고 오는 사람 등등이 모여들어 가져온 재료로 음식을 만들어 나누어 먹는 마을 공동체 교회를 이끌고 있었다. 동네 어른들을 아버지라 부르고, 불우한 이웃 아이들의 맏형으로 알뜰살뜰 보살피며 그들이 방황하지 않도록 최선을 다하고 있었다. 그를 보며 하나님의 역사하심에 놀라움을 금할 수 없었다. 조직폭력배 생활을 거친, 또 교도소를 다녀온 전과자 목사가 청소년을 교화하는 것은 어쩌면 하나님께서 그들의 아픔을 미리 경험시켜 살아 있는 교육으로 하나님의 말씀을 전하게 하려 함이라 확신하며 자주 교류하기로 하고 헤어졌다.

[일곱 번째 오네시모]

그는 살인 미수죄로 무기 징역형을 선고받아 25년을 살고 출소해서 우리 공동체로 왔다. 장기간의 교도소 생활로 몸이 허약

해져 즉시 생업에 투입할 수 없어 우선 몸만들기로 4.19 공원 등산을 권유했다. 그가 한 달, 두 달 열심히 산을 오르며 '배움카드'로 운전면허증 취득을 위해 운전학원에도 다니던 중 아가씨 한 명을 데리고 왔다. 산에서 만났는데, 사는 곳이 보고 싶다고 해서 데려왔다고 한다. 그 후 가끔 찾아와 그 친구와 시간을 보내다 결혼을 한다고 했다. 그 친구를 생각하면 아주 좋은 일이지만 여자 입장에서는 좀 더 신중하게 생각해 볼 일이다. 두 사람을 불러놓고 만류도 해보았다.

"결혼은 생각만으로 되는 것이 아니고 모든 것이 갖춰져야 살 수 있으니 우선 아가씨 부모님한테 허락부터 받아야 하지 않을까?"

수차례 만류에도 아가씨의 결심을 바꿀 수는 없었다.

결혼 준비를 도와줘야 하는데, 무엇부터 시작해야 할지……. 신랑 될 친구는 그렇다 치고 신부 될 아가씨도 아무것도 없었다. 무엇부터 해야 할지 암담한 가운데 후원 회장님께 상의했다. 우선 신부 가족을 설득하기 위해 4시간을 달려 영암 시골 마을에 도착했다. 마을 입구에서 만난 신부 오빠는 동생과 매제의 첫인사도 거절한 채 혈육의 정을 끊겠다는 폭탄선언을 했다. 마을에는 들어가 보지도 못하고 그대로 돌아왔다. 식은 권사님이 섬기는 교회에서 2부 예배 후 점심시간 사이에 하기로 하고 성도님들에게 이들의 새 출발을 축하해 주자는 광고도 약속했다. 이후 그동안 우리 공동체를 도와주셨던 분 중 교정 선교를 할 때 만났던 스님, 신부님 등 모든 분께 전화를 드려 25년의 담 안 생활 끝에 새 출발을 하는 이 커플을 축하해 주시기를 간청했다.

2005년 12월 첫 번째 주일, 드디어 고대하던 이들의 결혼식 날이다. 목사님의 헌신과 성도님들의 사랑하는 마음과 이심전심이 통한 교회의 이웃 주민들, 기꺼이 참석해 주신 스님과 불자님, 신부님. 이 책을 통해 다시 한 번 감사드리고 싶다. 정말 성황리에 결혼식을 마치고 참석하신 분들이 십시일반으로 모아주신 돈으로 방을 얻어주고 신접살림을 하게 했다. 근처 전통 시장 상인 회장님의 도움으로 이 부부는 시장 모퉁이에서 노점상으로 시작해 17년이 지난 지금은 아이가 둘이고 점포도 운영하는 어엿한 소상공인으로 행복한 삶을 살고 있다.

[여덟 번째 오네시모]

동탄 신도시가 조성되던 시기로, 공동체가 운영하는 동보살수의 작업 차가 여기 공사장에 투입되어 일하고 있을 때였다. 매일 용역회사를 통해 출근하는 인부가 수백 명이 되지만 그중 눈에 띄는 사람이 있었다. 겨울이었는데, 다른 이가 쓰다 버린 장갑을 주워 끼고 작업을 하는가 하면 여름 점퍼를 입고 추위에 떠는 모습이 안 돼 보여 작업복 등을 사주었다. 용역 잡부 일은 자재 정리나 현장 청소 등인데, 작업 중에 다친 적이 있었다. 그를 태우고 병원에서 치료를 마친 후 귀가를 도와주려다 그가 찜질방에서 생활하는 것을 알게 되었다. 그를 공동체로 데리고 와 생활하게 했다. 뭔가 사연이 있는 것 같기는 했지만 본인이 얘기할 때까지 기다려 줬다. 1개월이 지나고 2개월이 지났다. 돈을 버는데도 휴대전화가 없어 이상해 어느 날, 따로 불러 사연을 물어봤다. 한참을 망설이더니 전도사님을 믿고 말씀드린다며 이곳에 오게 된 사연을 털어놨다. 자신은 부정수표 단속법 위반죄로 수배 중인 피의자란다. 동업자가 돈을 가지고 외국으로 도피하는 바람에 돈줄이 막혀 부도가 났는데, 가족들이 부모님이 사시는 집까지 팔아 수표를 회수 중이니 사건이 해결될 때까지 비밀로 해달라고 했다. 안 들은 것으로 할 테니 사건이 해결될 때까지 걱정하지 말고 있으라고 했다.

어느 날 저녁, 공동체를 도와주시던 지구대장이 퇴근길에 들러 커피 한 잔을 마시고 간 적이 있었다. 얼굴이 하얗게 질려 떠나려는 그를 붙잡아 앉히고 사건이 빨리 정리되기를 기도했다. 매일매일 열심히 일하며 사건이 수습되기를 기다리던 중 해가 바뀌어 봄이 성큼 다가왔다. 사건이 해결되었다는 전화를 받고 그가 떠나던 날, 그와 그의 아내, 가족들은 눈물을 훔치며 "하나님 감사합니다. 예수님 감사합니다. 전도사님! 고맙습니다." 한다. 그저 한 것도 없는데, 하나님께 영광을 돌린 것이 감사했고 무너져가던 그 가정의 믿음이 견고해진 것에 감사했다.

고향 울산에 내려간 그는 부도난 회사를 살리기 위해 부단한 노력을 하고 또 어려울 때 받은 도움을 갚으며 열심히 살아가고 있다. 특히 회사 수입의 십 분의 일은 따로 떼어서 경주교도소 재소자들의 자립자금으로 기부한다고 한다. 매년 그의 가족이 음식을 준비해 가지고 와서 우리 사계절 공동체 식구들과 친목을 다지며 예수님 안에서 형제의 정을 나누고 있다.

[아홉 번째 오네시모]

2000년 어느 주일날, 지방 교회 목사님께서 전화를 하셨다. 예전에 당신이 시무하시던 교회에 밤에 몰래 들어와 물건을 훔치다 발각되어 감옥에 갔던 전과자가 있단다.

발각되었을 때 그냥 도망을 갔으면 절도 미수죄로 가벼운 처벌을 받을 수 있었는데, 이 친구는 사모를 위협해 결박해 놓고, 헌금함에 있던 돈을 챙긴 후 사모의 금반지와 목걸이까지 빼앗았다. 사모가 교회에는 더 이상 값나가는 것이 없으니 빨리 나가달라고 애원하자 밖으로 나갔단다. 사모가 결박을 풀려고 심하게 몸부림을 치다 강대상이 넘어지고, 그 소리에 놀라 이웃에 사시는 집사님이 달려왔다. 상황을 파악한 집사님의 신고로 도둑은 체포되었고, 징역 7년을 선고받고 복역 중인데 출소할 때가 되었단다.

그가 체포되어 재판을 받는 과정에서 교회 이름으로 선처를 베풀어 달라고 탄원서도 쓰고, 몇 번인가 위로 편지도 보냈지만 출소일이 다가오니 불안하단다. 인적 사항을 받아 조회를 해보니 청송 제2교도소에 있고 출소 3개월을 앞두고 있었다.

청송교도소에 행사가 있어 가는 길에 만나 보겠다고 약속했다. 미리 교도소 기독교 담당 교도관에게 전화해 행사가 끝난 후에 면담을 부탁했다. 만나 보니 전형적인 '개털재소자'였다. 출소해서 6개월도 안 돼 재구속되고, 어느 때는 출소한 지 1개월도 되지 않아 구속된 적도 있는 전과 8범에 거의 30년을 감옥에서 보낸 사람이었다.

준비해 간 간식을 허겁지겁 먹어 치우더니 나를 의아스럽게 쳐다본다. 나는 개털로 7년을 살아온 감옥 생활을 위로하고, 출소하면 어떻게 살 것인지를 물어봤다.

"그냥 사는 거지요. 나 같은 빵재비가 무슨 계획이 있겠어요?"

"반평생을 교도소에서 살았는데, 또 이곳에는 안 들어와야지. 이렇게 아무 생각 없이 나갔다가 또 들어와 개털 재소자로 살면 안 되지. 잘 생각해 보고 정 갈 데가 없으면 날 찾아오게."

사실, 공동체로 오라고는 했지만 자신이 없었다.

아무튼 출소한 그가 우리 공동체로 왔다.

우선 어떤 말보다 우리 공동체에서 3년 동안 온갖 어려움을 참고 견디며 홀로서기를 한 전과 11범 홍○동과 한 방을 쓰게 하고 작업장에 데리고 다녀보라고 했다. 일주일 후쯤, 홍○동이 더는 그와 같이 일터에 갈 수 없다고 하소연했다. 나는 그에게 "○동아, 네가 그를 포기하면 그 사람은 갈 곳이 없잖니? 다른 방법이 없나 우리 기도해 보자."며 달랬다.

입만 열면 불평불만이고, 모든 것이 다 남 탓이었다. 부모, 이웃, 사회가 자기를 이렇게 만들었다며 모든 것이 부정적이었다. 이런 상태로는 그가 바로 살아갈 수 없을 것 같았다.

충고를 질책으로 받아들여 싸우려고 달려들기 때문에 같은 방 식구들도 그와 상종을 하려 하지 않았다. 무언가 결단을 내려야 할 때가 된 것 같았다.

가엾은 그를 데리고 기도원에 올라갔다.

낮에는 집회에 참석하고, 저녁에는 일대일로 진지하게 대화를 했다.

"공동체 식구들이 너하곤 같이 생활을 못하겠다고 하는데, 어떻게 할래? 전국 감옥에 있는 7만여 명이 각자 다르겠지만 아마도 70퍼센트 정도는 죽지 못해 버티고 살겠지? 나머지 30퍼센트는 그래도 사람답게 살아보려고 새로운 마음으로 악착같이 준비하며 살 거야. 우리나라에서 3범 이상 출소자가 누범으로 추가 형벌을 받는 비율이 50퍼센트나 된단다. 한마디로 너 같은 누범자가 많다는 얘기야. 너도 누범 처벌로 힘든 수형 생활을 했지만 네가 저지른 사건 때문에 고통당하는 피해자와 그 가족의 고통과 처지를 생각해 본 적은 있니? 열심히 노력해 아들과 딸을 공부시켜 좋은 직업을 얻게 해 잘 살아가던 사람들, 성심껏 부모님께 효도하며 산 죄밖에 없는데 말이다. 네가 휘두른 칼에 찔려 그 가정이 파괴됐다면 그 자녀들은 누구를 원망하겠니? 너는 어릴 적 너의 처지만 생각하고 모든 사람들을 원망하지만 너로 인

해 고통당하는 다른 사람을 안타까워하는 마음 없이는 네 마음
도 평안함이 없을 거야. 역지사지로 생각을 해봐. 이것을 뉘우치
고, 깨닫지 못하면 너는 살아도 산 것이 아니다. 네 마음대로 해
라. 나도 더 이상 너와 같이 생활할 수 없으니 네 스스로 떠나라.
너하고 같이 생활했던 ○동도 처음에는 너하고 똑같았어. 너를
위로해 주기를 바라지 말고 네가 ○동을 위로할 마음이 생기면
돌아와."

나는 거의 일방적인 통보를 하고 기도원에 그를 남겨둔 채 공
동체로 돌아왔다.

며칠 후 돌아온 그 친구가 결심을 말했다.

"다시 한 번 기회를 주시면 또 한 번 살아보고 그래도 안 되면
제 스스로 판단해서 결단을 내리겠습니다. 저녁 기도 시간에 모
두 앞에서 사과를 하겠습니다."

미리 식구들에게 양해를 구하며 다시 한 번 기회를 줘 보자고
설득했다.

다시 공동체 생활이 시작되었다.

얼마간 조금은 달라진 모습이 보이는 듯했다. 새벽에 일어나
공동체 앞길을 청소한다며 빗자루를 들고 나가 거리를 쓸고 쓰
레기를 분리수거하는 등 변화된 모습을 보이기도 했다.

조마조마한 마음으로 그를 지켜보았다.

처음 잘못된 일을 저질렀을 때는 양심에 가책을 느꼈을 테지만
회가 거듭될수록 그는 그렇게 사는 것이 정당한 삶의 방법인 양

생각이 굳어졌다.

그게 정상적인 삶이 아니라는 것을 누군가 어떤 기회를 통해 깨닫게 해줘야 하는데 만만치가 않았다.

그가 현장에서 작업 중 사고로 크게 다쳐 병원에 입원을 했다. 수술 중 혈액이 부족해 같은 O형의 공동체 식구들이 수혈을 해줘 구사일생으로 살아나 몇 개월 만에 공동체로 돌아왔다.

기력을 회복한 그는 완전히 변화된 삶을 살기 시작했다. 나이 어린 같은 방 친구에게 존댓말을 쓰는가 하면, 공동체의 궂은일을 찾아 남몰래 솔선수범을 보이기도 했다. 그동안 소식조차 모르던 친지를 찾아 땀 흘려 번 돈으로 의약품 등을 구입해 보내주기도 했다.

그렇게 변화된 삶으로 3년이 지나 그 친구의 가족들이 찾아와 손잡고 귀향을 하게 되었다. 그동안 그를 미워했던 공동체 식구들도 자기가 금의환향하는 것 같이 기뻐했다. "전도사님, 우리가 잘 기다려줬지요. 기다림이 한 사람을 진흙탕에서 건졌습니다. 전도사님 파이팅! 하나님 파이팅!"

정말 힘들고 고통스러워 "하나님 못하겠어요. 나 이제 모르겠습니다." 투정하며 마음이 떠났다가도 이런 기쁨 때문에 공동체를 30여 년 이끌 수 있었나 보다. 인도 보호해 주신 하나님께 감사를 드린다.

예수님을 만나기 전에는 신부님, 스님, 목사님들도 평소 누구를 미워하거나 나쁘게 생각할까? 그분들은 항상 사랑의 마음으로 이웃을 측은하게 생각하고 도와주려는 분들이니 나쁜 생각을 전혀 하지 않는 선한 마음만 가진 분들일 것이라고 생각했다.

예수님을 만나고 난 후 성경 말씀을 암송하며 그분들의 마음 사정을 헤아리게 되었다. 마귀 편인 나쁜 마음이 있고, 하와가 선악과를 따서 아담과 같이 먹기 전에 하나님이 주신 선한 마음이 항상 싸운다. 하지만 절제된 삶을 통해 단련된 선한 마음이 삶을 이끌어 가고 있음을 알았다.

나 같은 죄인이 하나님을 만나 죄지은 과거를 회개하고 잘못 살아온 세월이 부끄럽고 죄스러워 조금이나마 빚을 갚으려 노력하듯이, 다른 출소자들에게도 어리석은 삶을 버리고 하나님을 만날 기회를 만들어 주는 이 일이 '전도 사역'인 것이다.

무척 힘들어 수백 번 나 몰라라 떠나려 했던 공동체를 끝까지 붙잡아 주신 하나님께 깊이 감사드리고 또 감사드린다.

[역주행한 오네시모]

최○○는 부모에게 버려져 고아원에서 초등학교를 나왔다. 중학교에 다니다 배가 고파 고아원을 탈출해 거리에서 살았다. 여기서도 이 아이는 항상 배가 고팠고, 큰 아이들의 놀림감이었다. 살기 위해 큰 아이들에게 대들다 매를 맞고 실신하기도 했다. 소년교도소에서 대인교도소로 50대가 될 때까지 나왔다 들어갔다 했다. 바늘도둑이 소도둑이 되고, 도둑질을 하다 발각되면 체포를 피하기 위해 흉기를 휘둘렀다.

어려서 시작한 도둑질이 50대가 되도록 계속되다 보니 최○○는 그저 그가 세상을 사는 방법이지, 이것이 사람이 해서는 안되는 잘못된 행위란 사실조차 잊어버렸다. 그야말로 도둑이 직업이 되어 버린 한심한 삶이었다.

그가 40대가 될 때까지 저지른 절도와 강도질 때문에 피해를 입은 피해자들 중 소액의 피해자들은 그래도 빨리 악몽 같은 일을 잊고 일상으로 돌아갔다. 하지만 어떤 이에게는 앞날이 달라지기도 했다. 어렵게 마련한 등록금을 도둑맞아 대학을 포기하고 군에 입대하여 군 생활을 마친 후 군에서 취득한 대형 면허증으로 버스 회사에 취직해 버스 기사의 삶을 이어가는 경우도 있었다.

한 전과자의 도둑질로 다른 한 사람의 인생이 뒤틀리는 데 드는 사회적 비용은 얼마나 될까?

어렵사리 병원비를 마련해 수술을 하려고 했는데 하루아침에 그 돈이 온데간데없이 사라져 수술을 받지 못하고 사망한 환자의 인생은 어디다 하소연할 수 있단 말인가?

범죄를 저지른 경우 범죄자뿐만 아니라 피해자, 수사 경찰, 검사, 판사, 형을 집행하는 법무부 교도소 관계자까지 이 모두에 어마어마한 국민의 혈세가 들어간다.

미국 한인교회 초청으로 LA를 방문했을 때 LA 주립교도소와 출소자 자립센터를 돌아볼 행운을 얻게 되었다.

교도소는 요즈음 신설된 남부구치소와 별반 다르지 않았으나 출소자 자립센터는 달랐다. 일대일 교육은 물론, 상담을 통해 출소자가 살아가는 데 꼭 필요한 직업, 사회 적응 방법 등을 알려 주는 시스템이 너무 잘 되어 있었다.

자료를 보니 미국 평균 재범률이 20퍼센트가 조금 넘어 부럽기까지 했다.

이처럼 미국은 재범 방지와 예방을 위해 제도적으로 많이 정비되어 있고, 많은 예산도 투입되고 있었다. 우리나라도 범죄 예방과 재범 방지를 위해 많은 노력을 한다고 하지만 아직은 미미한 수준이다. 범죄인을 처벌할 때 드는 비용으로 범죄를 예방한다면 범죄인은 물론, 피해자와 우리 사회에 큰 도움이 되지 않을까?

어떤 범죄인이든 힘들고 고통스러운 감옥 생활을 마치고 철문을 나설 때 다시 이곳에 올 것이라고 생각한 사람은 아무도 없을 것이다. 나도 열심히 노력해서 보통 사람들처럼 알콩달콩 사는 것을 꿈꿀 것이다. 그러나 그들은 한 번도 제대로 된 삶을 살아본 경험이 없다. 돈을 모아본 경험도 없다. 당연히 출소를 하면 허둥지둥 댄다.

마음속에서는 선한 마음과 악한 마음이 싸울 것이다.

주저주저 하다 익숙한 삶의 방식으로 막 살다 어느새 다시 교도소에 와 있는 자신을 원망한다.

전과자들에게도 지금까지 잘못된 삶을 되돌아보고 새로운 삶의 방식으로 살아볼 기회를 줘야 하지 않을까? 그리고 우리 종교인이 인내하고 견디는 방법과 훈련을 도와줘야 하지 않을까?

교통 법규를 잘 지키고 규정 속도로 달리는 차는 교통경찰이 필요 없듯이, 우리 종교인이 좋은 교통경찰이 되어 그들의 삶의 목표인 천국 백성으로 돌아올 수 있도록 합심하여 늘 기도드려야 한다.

최〇〇는 지금까지 살아온 습성을 쉽사리 버리려 하지 않았다. 행동 하나하나가 눈에 거슬렸다. 그는 상스러운 말이 자기를 내세우는 방편이라고 잘못 생각했고, 말 한마디 한마디에 상스러움이 뚝뚝 묻어났다.

사실, 이 같은 전과자는 수많은 출소자와 같이 생활해 본 사람들도 엄두가 나지 않는다. 그렇다고 그냥 내버려 두고 볼일도 아니다. 여기서 예수님의 말씀을 통해 해답을 얻어야 하는데, 녹록치 않다.

이럴 때는 기도하고 또 기도해야 한다.

말씀을 끊임없이 봉독하고 암송해야 한다.

언젠가는 해답을 주시고 그 말씀대로 따르면 하나님이 승리해 주시기 때문이다.

오직 하나님 말씀만을 믿고 끈질기게 하나님께 매달려 구해야 하는데, 그 끈을 놓쳐버리고 말았다.

그러는 사이 그는 또 과거로 돌아가 버리고 말았다. 잘 견뎌내지 못하고 이번에는 같은 방에 있던 25살 초범 아이를 공범으로 끌고 함께 구속되었다.

경찰서 유치장으로 면회를 갔다.

"전도사님 영치금 30만 원, 속옷 3벌, 세면도구 좀 넣어주세요."

실망스러웠다.

"전도사님 죄송합니다. 용서해 주세요. 잘못했습니다."라고 먼저 말해야 되는 것 아닌가?

기가 막혀 아무 말도 못하고 돌아왔다.

며칠 후 편지가 왔다.

자기 소지품과 옷가지 등을 소포로 보내 달란다. 같이 쓰던 방 친구에게 옷가지 등을 챙겨 나오라고 하고 살펴보니 구제옷 가게에서 사 모은 헌 옷이 한두 벌도 아니고 큰 자루로 여러 자루가 나왔다. 헌 옷을 왜 이렇게 사 모았을까?

보통 사람은 이해할 수가 없을 것이다.

교도소에서 돈 많은 범털 재소자는 영치금 카드 한 장만 있으면 사고 싶은 것, 먹고 싶은 것을 살 수 있지만 개털 재소자는 뭐든지 모아 두었다가 필요한 것이 있으면 물물 교환해서 쓰기 때문에 필요 이상으로 물건에 대한 욕심이 많다.

헌 옷을 모으며 그가 어떤 표정을 지었을까 생각하니 쓴 웃음이 나왔다.

그는 강도 상해죄로 15년 형을 선고받고, 재범인 25살의 공범은 2년 형을 선고받았다. 그는 50대 중반으로 70대가 되어야 석방이 되는데, 그때는 제발 새 사람으로 변화되어 마지막 삶이라도 하나님 안에서 살기를 기도한다.

좀 더 끈질기게 기도하지 못해 다시 지옥 같은 감옥으로 그를 보낸 것이, 내 잘못인 것 같아 마음이 아파온다.

같이 생활하던 공동체 식구가 눈앞에서 수갑을 차고 끌려갈 때가 제일 마음이 아프다. 며칠 동안 잠을 못자고 손에 일도 잡히지 않는다. 모든 것이 후회가 된다. 앉으나 서나 회개의 기도를 드린다.

아침을 먹을 때 좀 더 세심히 살펴 그의 마음을 어루만져 주었으면 어땠을까 하는 후회가 밀려들었다. 이럴 때마다 부족함을 느끼고 무기력해진다.

그래도 한번쯤은 잘못 산 인생을 되돌아볼 기회는 줄 수 있겠지 하는 마음으로 오늘도 감옥에 있는 그에게 편지를 쓴다.

"하나님! 역주행해서 감옥으로 되돌아간 그에게도
한 번만, 꼭 한 번만 회개하고
사랑으로 세상을 볼 수 있는 기회를 주십시오!"

이외에도 사계절 공동체 졸업생 중 많은 이들이 전국에서 모범적인 생활로 가정을 이끌고 있으며 빚진 자로서 빚을 갚는 노력을 하며 사는 데 사계절 공동체가 적게나마 도움이 된 것에 감사를 드린다.

무지한 종의 감사와 회개

　1983년, 고통 속에서 하나님을 만나고 혹독한 단련 후 1987년에 공동체를 설립하고 2017년에 공동체를 해체하기까지 정말 파란만장한 세월이었다. 35년 내 인생의 절반은 세속적인 삶을 살았고, 35년은 하나님의 종으로 살았다. 돌아보니 하나님의 종으로 사는 동안에도 선택의 순간에 그때는 왜 그런 결정을 했을까? 후회스러운 순간들이 있었다. 만일 그때 다른 선택을 했다면 더 큰 하나님의 사랑을 전할 수 있었을 것이다. 그런데 깊이 묵상해 보니 그때 그 선택이 하나님의 뜻일 수도 있다는 생각이 든다.

　결과가 좋아서 많은 사람의 칭찬을 받을 때 교만해져 우쭐대던 모습을 떠올리며 모든 것이 하나님의 역사하심으로 이루어진 것인데, 분수를 모르고 나를 내세우다가 모진 매를 맞고 회개했던 무지한 종은 이제 감히 확신한다. 하나님이 이 종을 사랑하시어 교만과 부함으로 망가지지 않게 인도해 주신 것임을.

"너희 중에 아버지 된 자로서 누가 아들이 생선을 달라 하는데 생선 대신에 뱀을 주며 알을 달라 하는데 전갈을 주겠느냐 너희가 악할지라도 좋은 것을 자식에게 줄 줄 알거든 하물며 너희 하늘 아버지께서 구하는 자에게 성령을 주시지 않겠느냐 하시니라."(눅 11:11-13)

이 말씀을 상기하니 지금 내 곤궁한 처지가 불평이 아닌 감사함으로 넘쳐난다. 언젠가 불교 성철 조계종 종정 스님의 다비식 모습을 TV를 통해 본 기억이 난다. 덕지덕지 꿰맨 가사 한 벌을 유품으로 남기고 입적하신 스님은 세상에서의 곤궁함 때문에 힘들어 하셨을까? 또 김수환 추기경님은 통장에 남은 2백여만 원을 마지막까지 병실을 지켜준 간호사에게 전해주라는 유언을 남기고 떠나셨다. 비록 종파와 교리는 다르지만 큰 어른들이 우리에게 주시는 교훈은 내가 가진 재물, 지혜는 오롯이 나 혼자 쓰라고 주신 것이 아니고 주의 영광을 위해서 사용하라고 내게 운영권만 주신 것이고 모든 것이 하나님의 것이라는 사실이다. 하나님에 대한 믿음, 그 믿음을 가지고 현실을 바라보면 은혜와 사랑이 있다. 내가 지금 하나님의 편에 서 있다면 하나님은 내 편이고, 그걸 확신하면 그것은 하나님의 큰 사람이다.

10월 초, 대변에 피가 섞여 나오기 시작했다. 평소 위가 헐어 있어 매일 먹는 약 중에 스테로이드 성분의 약이 있나 살펴보았지만 그런 약은 없어 대장 내시경을 했다. 6개의 폴립이 발견되었는데 악성일 가능성이 있단다. 2013년에 파킨슨병 발병을 시작으로, 당뇨병, 허리 및 목 디스크, 전립선 비대증 등 이제는 성한 곳이 하나도 없다. 그래도 남은 장기는 사랑의 장기기증 운동본부를 통해 기증을 약속했다. 다시 또 수술 침대에 누워 하나님의 처분을 기다려야 하나? 벌써 몇 번째인가? 나는 하나님이 부르실 때 무엇을 남길 것인가?

나는 이 책을 쓰면서 매일 참회의 기도를 드린다.

하나님!
사랑의 죄인이 죄인의 길에서 힘겹게 시달리다 주님께 나아왔습니다.
하나님 나라를 소망하며
하나님 나라의 질서를 배우고 실천하며 살아야 할 죄인이
세상의 위용에 눌려 세상 질서에 휘말려 살고 말았습니다.
하나님 나의 허물과 죄를 용서해 주십시오.

하나님께서 이 죄인을 부르시어 귀한 사명을 맡기셨는데,
우리 주님께서 맡기신 일들을 제대로 감당해 내지 못했습니다.
속으로는 나의 유익을 구하면서 마치 하나님의 영광을 위해 일하는 듯
수다를 떨었던 이 죄인을 용서해 주소서.
거친 행동으로, 험한 말로 사람들에게 상처를 준 것을 회개합니다.
정욕과 욕심에 휩쓸려서 저지른 모든 일을 회개합니다.

무엇보다 하나님을 온전히 믿지 못한 것을 회개합니다.

하나님의 일을 한다고 하면서 세상의 방법대로 하고

그것이 최선인 양 고집했던 지난날을 회개합니다.

주님께서 맡겨주신 일들을 제대로 수행하지 못한 허물을 용서
해 주시옵소서.

남의 탓만 하며 자신의 부족함을 인정하지 않으려는 뻔뻔함을
용서해 주소서.

예수님의 삶을 따라 살아야 함에도,

십자가의 고통을 견뎌야 함에도

더 많은 출소자를 사회인으로 복귀시키지 못했음을 용서하소서.

참사람이 되는 길

대도 조○형은 청송에 있을 때도 유명 재소자였다. 그러던 그가 1990년대, 보안업체 세콤에 근무하면서 하나님을 믿고 새로운 삶을 산다고 간증을 한단다. 공동체 식구 중 조 씨와 같이 생활했던 친구의 권유로 나도 간증 집회에 참석한 적이 있었다. 하나님의 은혜로 새 삶을 살고 있다며 찬송을 힘차게 불렀다. 이런 큰 도둑이 하나님의 은혜로 새롭게 변화되었다는 것은 우리 사회의 큰 이슈다. 교회마다 그를 초청해 간증 집회를 열었다. 여전히 전도자로서 하나님을 증거하며 잘 살고 있겠거니 하던 2000년대, 일본에서 조 씨가 사고를 쳤다는 뉴스가 전해졌다. 일본 보안시스템을 시험해 보기 위해 가정집에 들어갔단다. 어쨌든 일본에서 2년여의 형기를 마치고 귀국을 했는데, 또 범죄를 저질러 팔십이 넘은 노인의 몸으로 영어의 신세가 되었다.

여기서 우리는, 사람은 참으로 변화될 수 있을까를 생각해 보게 된다. 비단 조 씨뿐만 아니고 많은 재소자가 교도소에 오면 독실한 신앙인이 되지만 출소하면 교도소에서의 믿음은 사라지고 온갖 악행을 저지르는 악순환이 계속된다. 그러면 조 씨와 같이 교도소를 들락거리다 교도소에서 생을 마감하는 이들의 삶은 정말 변할 수 없을까? 아니다. 변할 수 있다. 내가 변하는 것이 아니라 하나님이 내 안에 성령을 보내주시어 말씀에 생명수를 채워주시면 인간은 변할 수 있다. 하나님의 성령이 내 안에 있을 때는 어려움이 보람이 되고 기쁨이 되지만 기도가 부족할 때는 괴로움과 아픔이 된다.

공동체 리더의 삶이 그리 만만하지만은 않다. 나도 보통 사람으로 돈을 벌어 좋은 차도 사고 예쁜 여자와 결혼을 해서 세상 행복을 누리며 살고 싶다. 제발 이것만은 해주시기를 일방적으로 하나님께 기도 선언을 했다가 죽지 않을 만큼 호된 매를 맞고 회개기도를 드리기도 했다.

감옥에 있는 자, 노숙자, 쪽방에서 하루하루를 힘겹게 사는 자, 세상에서 나만 불우하고 세상이 원망스러운 사람들에게 이 책을 통해 권한다.

첫째, 빛이신 예수님을 내 안에 구주로 모셔 들여야 한다.

둘째, 하나님께서 예수 그리스도를 통해 주신 구원 약속을 믿어야 한다.

셋째, 위 두 가지를 믿으면 영적 눈이 열려 세상이 아름답게 보이고 삶의 문이 열린다.

모든 일의 주관자이신 예수님

서점에 가면 흔히 보이는 것이 종교인들의 회고록이나 유명인들이 써낸 자서전이다.

책으로 자신의 삶을 세상에 남기는 사람이 얼마나 될까?

아마도 그리 많지는 않을 것이다.

어떻게 보면 나는 축복받은 사람이다. 예수님의 사랑으로 그동안 체험하고, 주의 이름으로 고난받는 이들에게 사랑을 실행하게 하셔서 그 체험을 책으로 엮어낼 수 있게 하신 은혜에 감사한다.

사람들은 사랑을 좋아한다. 이성 간의 사랑, 부자 간의 사랑 등.

그러나 예수님처럼 남을 대신해 죽어줄 수 있는 사랑, 이것이 진정한 사랑이라 생각한다.

나는 이해타산 없이 그저 진정으로 이웃을 위해, 귀한 하나님의 사랑을 위해 나 자신을 희생했는지 되돌아본다.

낙엽이 떨어지듯이 우리 인생이 허무하게 지는데, 그동안 진실을 나누었던 친구가 있었는지 되돌아볼 때 한 분, 두 분 이어지니 성공한 인생이다.

누가 누구를 자신만큼 믿어 주겠는가? 내가 믿었고 나를 믿어 주던 한 사람, 그 친구가 내게 있었으니 나는 행복한 삶을 살아왔다.

나는 주고 가는 삶을 살았는가? 혹시 받고만 살아온 삶은 아닌가? 받은 것을 나를 위해 쓰지 않고, 더 어렵고 더 힘든 이들을 위해 쓴다고 했지만 부족함이 많았던 것을 회개한다.

그동안 삶 중에 예수님을 모를 때 만난 사람과 예수님을 만난 이후가 확연히 달랐다.

예수님을 만난 후에 만난 사람은 예수님이 보낸 좋은 사람들이다. 그분들이 '사계절 공동체'를 이끌어 주셨다고 확신한다.

나는 그저 예수님의 도구로써 예수님의 말씀대로 보내주신 분들을 도운 것에 불과하다. 모든 일의 주관자는 예수님이시고, 나는 예수님의 도구로 최선을 다해 그들을 도와서 하나님 나라를 만드는 데 일조를 했다.

우리가 하나님의 일을 하기 위해서 세상의 안락한 삶을 버려야 할 때 누가 선뜻 버리겠는가? 그게 어느 때일까? 성령이 주신 마음의 평안함을 느낄 때다. 마음에 풍족함을 느끼기 위해 우리는 열심히 기도해야 한다. 매일매일 쉬지 않고 기도드리는 이유다.

내가 소망하는 삶

며칠 전 눈 내리는 밤, 자연을 느끼고 싶어 백곡저수지에 갔다. 함박눈이 내리는 저수지에서 낚시꾼들이 군데군데 얼음구멍을 뚫어놓고 흰 눈을 맞으며 빙어 낚시를 하고 있었다. 나도 한 자리를 차지하고 미끼를 끼워 얼음구멍에 낚시를 넣고 기다렸다. 잠시 후 찌가 흔들려 낚싯줄을 들어 올리니 한 번에 빙어가 세 마리나 낚여 올라왔다. 옆의 가림막 안에 있는 사람들은 한 마리가 올라오면 소주 한 잔을 마시고 방금 잡은 빙어를 초고추장에 찍어 먹으며 즐거워한다. 나는 파닥파닥 뛰는 빙어를 물속에 놓아주고 다시 낚시를 얼음구멍에 넣었다.

그동안 정신이 몽롱해지고 답답할 때는 자연을 벗 삼아 산바람이나 강바람을 쐬면 잠시나마 상쾌한 기분이 들어 잠시 다녀오기도 했는데, 요즈음에는 이것도 별 효과가 없는 것 같다.

요즈음 정신이 깜박깜박하고 당뇨도 심해졌다. 작년 10월, 초기 치매 진단을 받고 고지혈증에 파킨슨병 증상 때문에 손이 떨려 몇 번인가 책 쓰는 일을 중단할 수밖에 없었다. 그때마다 "하나님, 이 책을 완성할 수 있게 해주십시오." 하고 기도드렸다. 지금도 간절히 기도드린다.

"죄 많은 인생을 살아온 지금, 감히 천국 백성으로 삼아 주세요. 면목 없지만 하나님 회개합니다. 거두어 주십시오!"

계속해서 기도드린다. 노구의 병든 몸으로 할 수 있는 것이 기도밖에 더 있겠는가.

망자와 그 가족을 위로하기 위해 장례식에 참석할 때는 망자의 영혼을 하나님께 부탁드리지만 우리 삶의 제일 큰 목표인 영혼의 천국 삶을 간절히 바라며 기도드린다. 이 세상 떠나는 날까지 회개하고 또 회개하련다.

"정말 염치없지만 하나님 받아주십시오. 하나님 나라를 꿈꾸게 해주십시오. 하나님 아버지께 가는 그날까지 절망하지 않고 계속 꿈꾸게 해주십시오.

그 꿈을 이룰 수 있게 지혜와 함께 필요한 물질을 주십시오.
혹여나 제가 가난하고 배고파 도둑질하여
하나님 이름을 더럽혀 욕되게 할까 두렵습니다.

이제 얼마 남았는지 모르지만 헛된 것을 멀리하고
주의 음성만 듣고 실천하며 살고 싶습니다.

마무리하지 못한 것들을 잘 마무리하고
남은 날들을 성실하고 진실 되게 살며
주님을 모시고 주님의 뜻을 이루게 해주십시오.

끝까지 정신을 잃지 않고 주님의 뜻대로 살다
하나님 나라에 가게 해주십시오!"

기도하며 준비해야 할 때

걸어 다니는 병원, 벌써 떠났어야 할 세상이다.

예수님의 은혜로 지옥의 문턱에서 구사일생으로 살아나서 또 30여 년을 어설프게 주의 종 흉내를 낸 것 같은 삶 또한 후회스럽고 회개한다.

가수 김국환의 노래 중 "알몸으로 태어나서 옷 한 벌은 건졌잖소"라는 가사가 마음에 와 닿는다. 세상 욕심을 버리고 자유하게 살아야 한다.

왜 그렇게 물불 가리지 못하고 무엇을 얻기 위해 수많은 죄를 지었는지 계속 뉘우치며 회개한다.

수험생이 시험장에 들어서면 두근두근 아무 생각이 나지 않듯이, 중범죄를 저지른 죄인도 판사 앞에서는 떨림 같은 것이 있다.

어느 날 저녁, 매일 해오던 산책을 마치고 집으로 돌아오려는데, 집을 찾을 수가 없었다.

집 근처가 맞는데, 마치 귀신에게 홀린 것 같이 집을 찾지 못하고 계속 그 주변을 헤매고 있었다. 공설운동장 남문을 나와 경인 국도를 건너 골목으로 가면 집이 나온다. 분명 남문을 나와 도로를 건넜지만 서문 근처에 있는 경찰지구대 앞을 지나가고 있었다.

다시 돌아 남문을 찾아갔다. 하지만 다시 경찰지구대 앞을 세 번째 돌고 있었다. 경찰이 이상한 생각이 들었는지 "어디를 가시냐?"고 묻는다.

내 스스로 너무 당황하고 놀랐다. 가끔 지하도에서 출구를 잘못 찾아 다시 돌아갔다 나오기는 했지만 이런 경우는 없었다. 경찰의 도움으로 가까스로 집에 돌아왔다.

언제부터인가 마지막 할 일은 조용히 삶을 정리하는 것이라 생각하고 준비해 왔는데, 그날이 가까이 다가왔구나 싶다. 주위 사람들에게 짐만 되어가는 것이 나름 괴롭고 잠 못 들게 한다.

풀잎에 맺힌 이슬 같은, 칠팔십 년이 우리 인생의 연수라고 성경에서 말씀했다.

풀잎에 맺힌 이슬은 해가 뜨면 어느새 사라져 버려 인간이 느낄 사이 없이 쏜살같이 사라져 버린다. 그런 인생을 사는 우리는 그날의 하나님 심판을 위해, 당연히 주님 앞에 서기 위해 더욱더 열심히 준비해야 한다.

하나님의 나라!

청춘의 날들이 가물가물 저편으로 달아나고, 그 세월이 애틋하게 생각나서 현실이 한없이 허망하게 느껴질 때면 후회와 아쉬

움에 우울해진다.

내가 예수님을 믿지 않았다면 이 절망을 어떻게 이겨낼 수 있었을까?

나를 선택해 주시고 믿음을 주신 주님의 은혜에 깊이 감사드린다.

세상을 떠나 자연으로 돌아가는, 그래서 흔적 없이 내가 사라진다면 이것은 정말 비극이다. 다행히 하늘 세상이 나를 기다리니, 하나님 우편에 서는 나의 영광이 보이니 힘들었던 세상 삶의 보상이겠지 싶다.

조용히 그 세상을 기다리며 회개하니 그렇게 두렵지는 않다.

예전에 "나는 청춘이야. 내 삶은 아직 많이 남았어!" 떠들면서 마음 가는 대로 살았던 나 같은 사람들이 없기를 바란다. 갑자기 닥쳐온 심판을 두려워하지 않게 열심히 기도하며 준비해야 할 때다.

천국 삶을 그리며 항상 기도하고 주께 영광을 올려드리는 삶을 살아가자!

구원의 약속을 해주신 예수님을 내 주인으로 모시고 살면 성령님이 삶을 변화시켜 행복과 사랑과 나눔을 실천하게 해주신다.

권세와 부함으로 세상을 이끄는 리더들에게 예수님은 하나님 나라를 열망하고, 스스로 낮아지라고 말씀하셨다. 예수님을 구주로 모시고 사는 우리가 다른 이를 위해 예수님이 나를 위해 베풀

어 주신 그 사랑을 베풀고, 인생의 마지막까지 하나님의 영광을
위해 최선을 다하기를 기도한다.

주의 성령이 여러분과 함께하길…….

먼 길 돌아 찾은 행복

초판 인쇄 2022년 5월 2일
초판 발행 2022년 5월 7일

지 은 이 이수영
펴 낸 곳 코람데오
등   록 제300-2009-169호
주   소 서울시 종로구 세종대로 23길 54, 1006호
전   화 02)2264-3650, 010-5415-3650
　　　　　　FAX. 02)2264-3652
E-mail soho3650@naver.com

ISBN 979-11-92191-05-8(03230)

값 12,000원